위진풍도

위진풍도

魏晉風度

易 中 天 中 國 史

이중톈 중국사 \11\

이중톈 지음 | **김택규** 옮김

글항아리

일러두기
— 본문에서 괄호 속 설명은 지명 표기 등을 제외하면 옮긴이가 붙인 것이다.

中 / 國 / 史

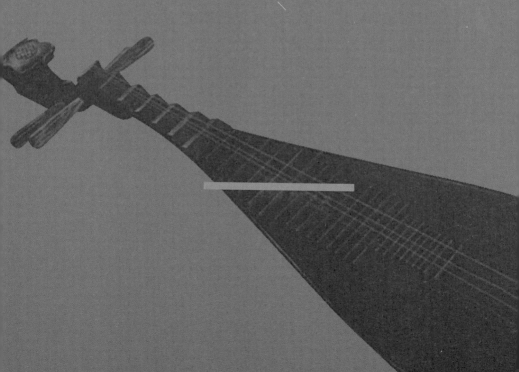

제1장

시대

진 왕조의 실질적인 창업자 사마의는 은인자중의 능력이 대단히 뛰어났다.
뱀이 풀숲에 숨어 있듯이 조용히 있다가도 일단 공격을 개시하면 누구도 막을 수 없었다.

위의 멸망

중대한 세계사적 사건과 인물은 두 번씩 출현한다고 일반적으로 말한다. 이것은 헤겔이 우리에게 알려주었다. 그리고 나중에 마르크스가 덧붙여 말하길, 첫 번째는 비극으로, 두 번째는 소극笑劇으로 출현한다고 했다.[1]

위진魏晉의 왕조 교체가 바로 그랬다.

서기 220년, 조비曹丕는 한 헌제獻帝를 핍박해 양위를 하게 했다. 이것이 첫 번째였다. 그리고 반세기도 안 지나서 사마염司馬炎이 또 위 원제元帝를 핍박해 선양禪讓을 하게 했으니 이것이 두 번째였다. 당연히 조비는 자신의 왕조가 그토록 단명하리라고는 생각지도 못했을 것이다. 같은 수법을 재연한 사마염 역시 자신의 제국이 오래가지도 못한데다 그토록 황당하고 어처구니없는 꼴을 보일 줄은 생각지도 못했을 것이다.[2]

---

1 카를 마르크스, 「루이 보나파르트의 브뤼메르 18일」 참고.
2 서기 265년, 사마염이 위 원제를 핍박해 선양하게 함으로써 조위는 망했다. 건국한 지 46년 만이었다. 또 316년에는 진 민제 사마업이 흉노족 유총劉聰의 한나라에 투항해 서진이 망했는데 건국 후 51년 만이었다.

사마의司馬懿는 더더욱 생각지도 못했다.

나중에 선황제宣皇帝로 추존되는 사마의는 진晉 왕조의 실질적인 창업자였다. 아마도 그것은 그의 뛰어난 지모와 인내심 덕분이었을 것이다. 정계에 입문하여 정권을 탈취할 때까지 그는 무려 42년의 시간을 들였다. 그사이 조조, 조비, 조예曹叡, 조방曹芳 4대의 군주를 거쳤고 끝내는 조씨 가문의 '부동산'을 자기 소유로 만들어 명의 변경 절차만 남겨놓고 죽었다.

그는 과연 어떤 사람이었을까?

사마의는 고급 사족士族 출신이었다. 고조부는 후한의 장군이었고 증조부와 조부는 다 군의 태수였으며 부친 사마방司馬防은 벼슬이 경조윤京兆尹(수도 지역의 행정 책임자)에 이르렀다. 일찍이 조조가 처음 벼슬살이를 시작할 때 낙양북부위洛陽北部尉(수도 북부 지역의 경찰서장)로 임명될 수 있었던 것은 사마방의 추천 덕분이었다.

이에 대해 조조는 줄곧 고마운 마음을 품고 있었다. 그래서 나중에 위왕이 되고 나서 연회를 열어 사마방을 대접하며 옛이야기를 다시 꺼냈다.

"사마공이 보시기에 지금 내가 다시 현위縣尉(낙양북부위는 현위급이다)가 되면 어떻겠소?"

사마방이 말했다.

"지난날 제가 추천할 때 대왕은 현위가 딱 적당했습니다."

조조는 껄껄 웃었다.[3]

사마방의 대답은 지극히 온당하고 실제적이었다. 42년 전, 조조는 스무 살의 나이에 효렴孝廉(한나라 때 세족들의 천거로 인재를 관리로 뽑던 특별 임용 제도)으로 천거되어 막 낭관郎官(일종의 예비 관리)이 된 상태였기 때문이다. 그때 그는 고작해야 지역 경찰서장 정도가 되는 것이 제격이었다.

사실 조조가 "천자를 받들어 조정에 불복하는 신하들을 호령하게 된" 6년 뒤에 이르기까지 사마씨 가문은 정계의 그 새로운 실력자를 좋게만 보지는 않았다. 실례로 조조가 사마의를 자신의 막료로 임명했을 때, 사마방의 그 차남은 그것을 거절했다. 중풍에 걸렸다는 핑계로, 벼슬을 받느니 차라리 집에 오래 누워 있으려 했다.[4]

그렇게 시간을 끈 것이 무려 7년이었다. 그러다가 적벽대전이 있던 해에 조조는 사마의에게 조정에 나오든지, 아니면 감옥에 가든지 둘 중 하나를 택하라고 했다. 사마의는 더 이상 아픈 척할 수가 없어 불가피하게 조조 정권에 합류했다. 그 후로 그는 조조에게 자신의 재능을 증명해 보였을 뿐만 아니라, 위 문제文帝 조비와 위 명제明帝 조예의 시대에는 황제의 유능한 조수이자 위 제국의 유일무이한 모략가가 되었다.

그래서 중병에 걸려 아들을 맡겨야 했을 때 조예는 사마의를 떠올린 것이다.

---

3 『삼국지三國志』 「무제기武帝紀」 배송지주裴松之注의 「조만전曹瞞傳」 인용문 참고.
4 이하 사마의의 사적은 따로 주 없이 모두 『진서晉書』 「선제기宣帝紀」 참고.

당시 사마의의 관직은 이미 태위太尉(최고 군사 책임자)였으며 얼마 전에는 연왕燕王이라 자칭하던 공손연公孫淵을 격파해 요동을 위 제국의 판도 안에 넣고 막 관중關中(지금의 산시성 중부 웨이허渭河강 유역의 평야) 지역을 지킬 병력을 정비하고 있었다. 하지만 조예의 조서를 받자마자 그는 밤낮으로 말을 달려 낙양으로 돌아와서 대장군 조상曹爽과 함께 조예의 유언을 받들어 새 황제 조방曹芳을 보좌했다.

조씨의 위나라, 즉 조위曹魏는 이때부터 멸망의 징조를 보이기 시작했다.

사실 조예는 대단히 무기력하게 아들을 맡겼다. 반면에 손책孫策은 장소張昭에게 동생 손권孫權을 맡길 때 "중모仲謀(손권)가 임무를 감당하지 못하면 그대 스스로 취하시오"라고 단호히 이야기했다. 유비도 아들을 제갈량에게 맡길 때 "그가 재능이 없으면 그대 스스로 취하시오"라고 잘라 말했다.[5] 그런데 조예는 눈물이 그렁그렁한 눈으로 갓 여덟 살 된 조방을 바라보느라 한마디 독한 말도 하지 못했다.

결국 전권을 부여받아 자기 마음대로 할 수 있었던 신하는 충성을 다했고, 후사를 맡아달라고 황제가 신신당부한 신하는 정권을 탈취했다.

조예의 유언을 받든 또 한 명의 대신인 조상도 믿을 만한 인물은 아니었다. 그는 원래 능력도 전공戰功도 없는데도 죽기 전 제정신이 아니었던 조예에 의해 돌연 대장군으로 발탁되었다. 그러나 자부심 하 **014**

---

5 『삼국지』 「장소전」 배송지주의 『오력吳歷』 인용문과 『삼국지』 「제갈량전」 참고.

나는 강했던 조상은 어떻게든 사마의를 몰아내려 궁리하다가 결국 조방을 움직여 사마의를 태위에서 태부太傅로 관직을 바꾸게 했다.

그것은 영전인 듯했지만 실제로는 좌천이었다.[6] 태부는 지위만 높고 실권은 없는 자리였기 때문이다.

사마의는 당연히 그 점을 잘 알고 있었다. 또한 자신의 힘이 아직 조상과 맞서기에는 부족해서 그를 해치우려면 준비가 필요하다는 것도 알고 있었다. 그래서 몇 년간 주변을 맴돈 뒤에 사마의는 두 번째로 다시 병에 걸린 척했다.

병에 걸린 척하는 것에는 이미 이골이 난 그였다. 먼젓번에 중풍에 걸린 척했을 때는 조조의 부하가 와서 죽이려는 시늉을 하는데도 침대에 누워 꼼짝도 하지 않았다. 이번 병도 당연히 중풍이 재발한 것으로 꾸몄으며 연기력도 한층 좋아졌다.

연극은 사마의의 태부 관저에서 벌어졌고 관객은 조상이 보낸 신임 형주자사荊州刺史 이승李勝이었다. 이승 앞에서 사마의는 시녀가 건네주는 옷도 받지 못했고 죽도 앞가슴에 질질 흘려가며 겨우 먹었다. 그리고 이승의 부임지도 형주가 아니라 병주幷州로 잘못 알아들었다.

이승은 그에게 다시 말해줘야 했다.

"제가 가는 곳은 형주입니다."

하지만 사마의는 계속 엉뚱한 말을 했다.

015 "병주에 가는 것은 자네한테는 조금 억울한 일이지. 병주는 오랑캐

---

6 조상의 사적은 따로 주 없이 모두 『삼국지』 「조상전」 참고.

땅과 가깝지 않나. 부디 현명하게 처신하도록 하게. 앞으로 만나기 힘들 텐데 어떻게 해야 좋겠나?"

이승은 다시 말했다.

"형주입니다. 병주가 아닙니다."

사마의는 그제야 뭔가 깨달은 듯 말했다.

"아, 형주라고? 내가 자네 말을 잘못 들었군그려. 잘됐네, 잘됐어. 형주에 있으면 공을 세울 기회가 많지. 내 두 아들, 사마사司馬師와 사마소司馬昭를 잘 부탁하네."

말을 마치고 그는 꺼이꺼이 목 놓아 울었다.

이승은 돌아가서 조상에게 보고했고 조상은 마음을 놓았다.[7]

그러나 사마의는 은밀히 준비에 박차를 가했다. 그러다가 병에 걸린 척한 지 2년 반 만에 조상이 황제를 모시고 궁정 밖에 나간 틈을 타, 벼락같이 쿠데타를 일으켜 단번에 그 강적을 쓸어버렸다. 조상은 우선 관직을 빼앗기고 이어서 멸족을 당했으며 형제와 파벌도 일망타진되었다. 그중에는 위진풍도魏晉風度의 대표자 중 한 명인 하안何晏도 있었다.

조상의 무능함이 그 사건의 전개 과정에서 남김없이 드러났다. 쿠데타 당시, 사마의의 군대는 낙수洛水에 주둔했고 조상의 군대는 이수伊水에 주둔했다. 그리고 사마의가 낙양을 점령하기는 했지만 황제는 아직 조상의 수중에 있었다. 그래서 누가 건의하길, 천자를 위협해 **016**

7 『삼국지』 「조상전」 배송지주의 「위말전魏末傳」 인용문 참고.

먼저 허현許縣으로 가서 각지의 군대에 황실을 구원하라고 명하면 거뜬히 사마의에게 맞설 수 있을 것이라고 했다.

하지만 조상은 그 적절하고도 실행 가능한 방안을 거절한 뒤, 저항을 포기하고 사마의에게 투항했다. 심지어 자신을 탄핵하는 사마의의 상소문을 황제에게 가져다 바치기까지 했다. 그때 조상은 다음과 같이 말했다.

"사마공은 정권을 탈취하려고 할 뿐이니 정권을 내주면 그만이다. 나는 대장군이 될 수는 없겠지만 대부호는 될 수 있을 것이다!"[8]

뜻만 크고 재주는 모자랐던 조상은 사마의가 얼마나 음험하고 교활하며 악랄한 인물인지 알지 못했다. 조상이 아직 저항할 힘이 있었을 때, 사마의는 그저 관직만 빼앗겠다고 맹세했다. 심지어 조상이 집에 연금되어 있을 때는 일부러 사람을 보내 양식과 고기를 선사하기도 했다. 그러나 조상 등이 모반을 꾀했다는 증거가 다 갖춰지자마자 전원 재산을 몰수하고 참형에 처했다.[9]

조씨 가문은 처음부터 사마의의 적수가 아니었다.

어린 황제 조방도 꼭두각시일 뿐이었다.

그러나 이 꼭두각시도 사마의가 죽은 지 3년 만에 그의 아들 사마사에 의해 폐위되고 열네 살의 조모曹髦가 황제가 되었다. 그리고 6년 뒤에는 꼭두각시 노릇을 달가워하지 않던 조모도 피살을 당해 열다섯 살의 조환曹奐이 황제가 되었다. 이 사람이 바로 위 원제로서 조위

---

8 『진서』「선제기」 참고.
9 『삼국지』「조상전」 배송지주의 『세어世語』와 「위말전」 인용문 참고.

의 마지막 황제였다.

역사에서는 조방, 조모, 조환을 '삼소제三少帝'라고 부른다.

사마의가 쿠데타에 성공한 뒤, 삼소제의 시대는 사마씨 가문의 시대로 바뀌었다. 사마의, 사마의의 아들 사마사, 사마사의 동생 사마소가 차례로 16년간 조정을 장악했다. 나라를 세우고 겨우 46년 동안 지속된 조위의 3분의 1에 해당하는 세월은 조씨의 것이 아니었던 셈이다.

남은 일은 그저 사무 처리에 불과했다.

사마소는 먼저 진공晉公으로 책봉되고 이어서 진왕晉王으로 승격되었다. 함희咸熙 2년(265) 8월, 사마소가 죽고 나서는 그의 아들 사마염이 왕위를 이었다. 그리고 12월, 위 원제의 선양으로 사마염이 칭제稱帝를 했으니 이 사람이 바로 진 무제武帝다.

이 모든 절차는 조위가 후한을 대신한 것과 일치했다. 다른 점이 있다면 후한의 꼭두각시 황제는 단 한 명이었던 것에 비해 조위는 여러 명이었고, 또 조씨 가문은 겨우 2대의 2명이 왕조를 바꾼 데 비해 사마씨 가문은 3대의 4명이 동원되었다는 것뿐이다.

이것은 그야말로 인과응보를 연상시킨다.

역사는 공평해서 인과응보가 줄줄이 이어지곤 한다. 사마염이 죽은 지 겨우 1년 만에 기다렸다는 듯이 변란이 폭발했다. 그의 아들들은 폐위되었다가 옹립되고 옹립되었다가 또 피살되었다. 그의 왕조는 **018**

사분오열이 되어 다시는 회복되지 못했고, 더구나 제위를 찬탈하고 정권을 전복하고 나라를 분열시킨 자들은 다른 사람이 아니라 바로 그의 육친이었다.

진의 변란

변란의 원인은 사마염 자신이 제공했다.

이 얘기를 만약 사마염이 하늘에서 듣는다면 아마 받아들이기 힘들 것이다. 왜냐하면 그의 바람은 원래 오랜 치세로 태평성대를 구가하는 것이었기 때문이다. 그는 심지어 조위의 멸망을 교훈으로 삼아, 황제가 되자마자 제도 개혁을 실시하기도 했다. 하지만 안타깝게도 그는 잘못을 저질렀다.

사마염은 무슨 잘못을 저질렀을까?

봉건제를 회복시켰다.

서주 때 시행된 봉건제는 진시황에 의해 폐지되었다. 그 후, 진나라와 한나라 양대에는 다 군현제가 실시되었다. 단지 전한 초에만 군현제와 봉건제를 결합한 군국제가 실시되었는데 결국 성이 다른 왕과 성이 같은 왕이 다 반란을 일으켰다. 이에 제국의 통치자들은 고조부터 무제까지 무려 100년 가까운 시간을 들여 겨우 사태를 수습하고 우환을 제거할 수 있었다.(이중톈 중국사 8권 『한무의 제국』 참고)[10]

그 후로 제국은 다시는 봉건제를 채택하지 않았다.

물론 왕과 후侯는 계속 책봉했다. 그러나 한나라는 후만 책봉했고 위나라는 왕만 책봉했다. 더욱이 왕을 책봉하더라도 그것은 식읍을 주지 않는, 허울뿐인 '허봉虛封'이었다. 후한 말에 조조가 위공과 위왕으로 책봉된 경우만 '실봉實封'이었다. 그래서 결국 어떻게 되었던가. 후한을 대신해 왕조를 세웠다.

역사의 경험은 참고할 만하다. 그래서 조비가 황제가 된 후로 책봉된 국왕들은 다 작위만 있지 국토와 신하는 없었다. 혹은 명의상의 봉국封國만 있지 통치권도 군사권도 없었다. 그들은 자신의 정부를 세우고 자신의 군대를 통솔할 수 없었으며 조정에 참여할 수도 없었다.

위나라의 국왕은 실제로는 봉국에 연금된 것이나 다름없었다.

그 결과, 또 어떻게 되었을까? 사마씨 가문이 위나라를 찬탈할 때 조씨 가문의 국왕들은 전혀 도움이 못 돼서 황제는 고립무원의 처지가 되고 말았다. 사마염은 이것이 바로 위나라 멸망의 경험이자 교훈이라고 생각했다.

그래서 그는 정반대의 길을 택했다.

황제가 된 해에 사마염은 황족 27명을 왕으로 봉하고 왕국마다 군대를 갖게 했다. 그중 대국은 3군, 5000명을 가졌고 중간 규모의 나

---

10 기원전 202년, 유방이 황제가 된 지 얼마 안 돼서 연왕 장도臧荼가 반란을 일으켰다. 또 기원전 122년에는 회남왕淮南王 유안劉安이 모반을 꾀했다.

라는 2군, 3000명을 가졌으며 소국은 1군, 1500명을 가졌다. 국왕은 한 지역을 다스렸을 뿐만 아니라 조정에 참여하고 재상이 될 수도 있었다.

성이 다른 사족은 공과 후에 책봉되었고 역시 실봉이었다. 그들도 봉국과 관리를 가졌을뿐더러 군공郡公, 군후郡侯, 나아가 그 밑의 현후縣侯까지 군대를 가졌다. 요컨대 국왕이든 공후든 전부 실력파였던 것이다. 사마염은 그들이 실력을 갖게 해야만 각자 중앙을 지키는 책임을 질 수 있다고 생각했다. 더욱이 그들은 모두 제국에서 이익을 취했으므로 당연히 책임을 져야 했다.

하지만 실제로는 어떤 일이 벌어졌을까?

팔왕八王의 난이 터졌다.[11]

그것은 진 무제 사마염 사후 1년 뒤에 시작되어 16년간 이어진 정치 동란이자 골육상쟁이었다. 원래 위기가 곳곳에 잠복해 있던 서진西晉 왕조는 이 동란으로 급격히 쇠락하여 결국 외적의 침입으로 멸망했다. 그런데 이 폭탄의 도화선을 당긴 이는 그 국왕들이 아니라 한 여인이었다.

그 여인의 이름은 가남풍賈南風이었다.

가남풍은 진 혜제惠帝 사마충司馬衷의 황후이자, 사마씨 집단의 일원이었던 가충賈充과 곽괴郭槐의 딸이었다. 가충은 음험하고 교활했으며 곽괴는 질투가 심하고 사나웠는데 가남풍은 부모의 이런 성격을 전

022

---

11 팔왕의 난에 대해서는 『자치통감資治通鑑』 제82권부터 제86권 참고.

부 물려받았다. 그런데 공교롭게도 그녀의 남편인 혜제는 무능함을 넘어 바보스러울 정도로 사람이 충직해서 그녀가 어떤 사고를 쳐도 이상할 것이 없었다.[12]

하지만 안타깝게도 가 황후는 야심을 실현하기가 쉽지 않았다. 조정을 장악하고 있던 양楊 태후의 아버지 양준楊駿 때문이었다. 양준 부녀는 화음華陰 양씨 출신으로서 조상이 후한의 명신 양진楊震이고 가문의 지위가 지극히 높았다. 진 무제 사마염은 일찍이 이런 명문 귀족과 혼인 관계를 맺어 황실의 명망을 높이고자 했다. 황족과 사족이 한마음으로 협력하기만 하면 황제를 보좌하는 양쪽 날개가 될 수 있을 것이라고 그는 생각했다.[13]

하지만 그의 생각은 틀렸다. 현실에서 황족과 사족은 서로를 인정하지 않았고 가 황후는 이 갈등을 교묘히 이용했다. 진 혜제가 제위를 잇고 그 이듬해 3월, 그녀는 사마염의 다섯째 아들인 초왕楚王 사마위司馬瑋를 불러 조정에 들어가 태부 양준을 죽이고 양 태후를 폐하게 했다. 동시에 사마의의 넷째 아들인 여남왕汝南王 사마량司馬亮도 불러 황제를 보필하게 했다.

이것은 물론 가 황후가 원래 바라던 구도는 아니었다. 그래서 세 달 뒤, 그녀는 양준을 죽인 초왕 사마위에게 명해 여남왕 사마량을 모반죄로 죽이게 했고 또 황제의 조서를 위조했다는 죄목으로 사마위까지 죽였다. 사마위는 사족을 죽이고 황족도 죽이고 자기도 피살

023

---

12 진 혜제는 역사적으로 유명한 바보 황제이지만 뤼쓰몐呂思勉 선생은 꼭 사실일 거라고는 생각하지 않았다. 뤼쓰몐, 『중국통사』 참고.
13 『후한서後漢書』 「양진전」, 『진서』 「양준전」, 판원란范文瀾의 『중국통사』 참고.

되었다. 사족의 대표자와 황족의 대표자를 모두 원귀로 만들어놓고서 차도借刀살인까지 한 가 황후는 마침내 정권을 장악했다.

뜻을 이룬 가남풍은 득의만만했다.

그러나 사마씨 가문은 계속 음모가와 야심가를 배출했다. 그래서 9년 뒤에는 이 여인도 폐위되어 죽임을 당했다. 죄명은 태자 사마휼司馬遹의 모살이었다. 사마휼은 혜제 사마충과 사숙원謝淑媛의 아들이었으니 당연히 가 황후의 마음에 들었을 리가 없다. 그래서 사마휼은 모반을 꾀했다는 누명을 쓰고 평민으로 격하되었다. 하지만 그가 피살된 것은 조왕趙王 사마륜司馬倫의 음모 때문이었다.

조왕 사마륜은 사마의의 아홉째 아들로서 원래 가 황후와 한통속이었다. 하지만 그가 가 황후에게 태자를 죽이라고 종용한 것은 자신의 정권 탈취를 위해서였다. 그래서 태자가 죽자마자 그는 복수를 명분으로 군대를 일으켜 궁정에 들어가서 가 황후를 죽였다. 그 후에는 아예 진 혜제를 폐하고 스스로 황제가 되었다.

이때부터 본격적인 반란이 시작됐다.

제일 먼저 들고일어난 사람은 사마염의 조카 제왕齊王 사마경司馬冏이었다. 동시에 군사를 일으켜 호응한 이는 사마염의 열여섯째 아들 성도왕成都王 사마영司馬穎, 사마염의 사촌동생 하간왕河間王 사마옹司馬顒, 사마염의 여섯째 아들 장사왕長沙王 사마예司馬乂였다. 결국 사마륜은 패하여 피살됐고 진 혜제 사마충이 다시 제위를 회복했다.

정권은 이제 제왕 사마경의 수중에 떨어졌다.

사마경은 원래 사마륜과 같은 편이었다. 사마륜이 가 황후를 폐할 때 궁정에 난입한 사람이 바로 그였다. 당시 사마경은 병사 백 명을 데리고 먼 길을 신속히 달려와, 황제 눈앞에서 가 황후의 외조카 가 밀賈謐을 단칼에 베어 넘겼다.

가 황후가 그에게 물었다.

"너는 무슨 일로 왔느냐?"

사마경이 답했다.

"황후를 체포하라는 조서를 받았소."

"조서는 다 나를 통해 나가는데 너는 누구의 조서를 받았다는 것이냐?"

사마경이 대답하지 못하자 가 황후가 또 물었다.

"일을 벌인 자가 누구냐?"

"조왕이요."

가 황후가 탄식하며 말했다.

"개를 묶는데 목이 아니라 꼬리를 묶었으니 이런 일이 생기는 게 당연하지."

안타깝게도 그녀의 후회는 너무 늦었다.

가 황후의 동지가 가 황후를 폐하고 또 사마륜의 동지가 사마륜을 죽였다. 이처럼 정치투쟁에서 영원한 친구란 있을 수 없으며 음모와 살육으로 건립된 서진 황실은 태생적으로 탐욕스럽고 악랄했다. 따라서 사마경이 집권한 지 얼마 안 돼서 동료인 장사왕 사마예에게 피살된 것도 그리 이상한 일은 아니었다.

사마경을 죽인 사마예도 마찬가지로 토벌을 당했다. 과거의 두 동지인 성도왕 사마영과 하간왕 사마옹이 동시에 군사를 일으켜 낙양을 포위했고, 고립무원의 사마예는 결국 포로가 되어 적의 군중에서 사마영의 부하에게 살해당했다.

사마예를 붙잡은 사람은 동해왕東海王 사마월司馬越이었다.

사마월은 사마염의 사촌 동생이자 '팔왕의 난'의 여덟째 왕이었다. 앞의 다섯 명(여남왕 사마량, 초왕 사마위, 조왕 사마륜, 제왕 사마경, 장사왕 사마예)은 이미 죽었고 나중에는 성도왕 사마영과 하간왕 사마옹이 사마월과 전쟁을 벌였다.

전쟁은 엎치락뒤치락 반복되었다. 그러다가 마지막으로 사마월이 반격에 성공해 승리를 거두었고 패한 사마영은 피살되었다. 전쟁이 끝난 뒤, 사마옹도 모살되었으며 진 혜제 사마충도 독살되어서 사마치司馬熾가 그 뒤를 이어 진 회제懷帝가 되었다.

5년 뒤, 사마월이 죽고 낙양이 외적의 공격에 함락되어 진 회제 사마치가 포로가 되었다. 2년 뒤에는 태자 사마업司馬業이 장안長安에서 제위에 올라 진 민제愍帝가 되었다. 그리고 또 3년이 지나 진 민제가 침입한 외적에게 투항함으로써 서진이 멸망했다.

진 무제 사마염의 위나라 찬탈부터 서진의 멸망까지 흐른 세월은 도합 51년이었다. 팔왕의 난부터 서진의 멸망까지는 25년이었다. 그리고 팔왕의 난의 종료부터 서진의 멸망까지는 10년이었다. 따라서 서진은 사실상 내홍 때문에 망한 것이며 외적의 침입은 단지 부차적인 원인이었음을 알 수 있다. 이것이 바로 사마염이 당한 인과응보였다.

낙양과 장안을 함락시키고 서진 왕조의 멸망을 선언한 것은 어느 흉노인이 수립한 정권이었다. 그 후로 중국 북방은 이민족의 천하로 변했으며 진 황실은 장강 하류의 동남부 지역에 자리를 잡아 동진東쪽으로 불렸다.

오호십육국五胡十六國의 시대가 시작되었다.

오호의 침공

오호십육국은 혼란의 도가니였다.

　이 역사 시기는 서진 혜제 때 시작되어 남조南朝 유송劉宋까지 136년
간 지속되었는데, 그사이 19개에서 20개에 달하는 정권이 수립되었
다. 그중 어떤 정권들은 차례로 흥하고 교체되었으며 어떤 정권들
은 같은 시기에 병존했다. 가장 많을 때는 중국 북방에 8개의 정권이
9~10년간 나란히 존재했다.

　정권의 창립자는 대부분 이민족인 흉노, 갈羯, 선비鮮卑, 저氐, 강羌
이었는데 이들을 합쳐 '오호'라 불렀다. 그중에서 선비인이 수립한 정
권이 7개로 가장 많았고 그다음으로 저인이 4개였으며 흉노인은 3개
였다. 갈인과 강인은 각기 1개씩이었다. 여기에 한족이 수립한 소규모
정권 4개까지 합하면 모두 20국이었는데 구지九池와 북위北魏를 셈에
안 넣으면 18국이었다. 보통 '16국'이라고 부르는 것은 여기에서 염위 028

冉魏와 서연西燕까지 제외해서 그렇다.

18국의 명단은 다음과 같다.

나라 이름	창시자	민족	흥망 연대(서기)	멸망시킨 나라
한(전조)	유연	흉노	304~329	후조
성한	이웅	파저	304~347	동진
전량	장식	한	314~376	전진
후조	석륵	갈	319~351	염위
염위	염민	한	350~352	전연
전연	모용황	선비	337~370	전진
전진	부건	저	351~394	서진
후진	요장	강	384~417	동진
후연	모용수	선비	384~407	북연
서연	모용홍	선비	384~394	후연
서진	걸복국인	선비	385~431	하
후량	여광	저	386~403	후진
남량	독발오고	선비	397~414	서진
남연	모용덕	선비	398~410	동진
서량	이고	한	400~421	북량
하	혁련발발	흉노	407~431	토욕혼
북연	풍발	한	407~436	북위
북량	저거몽손	흉노	401~439	북위

16국의 이 흥망표는 두젠민杜建民, 『중국 역대 제왕세손 연표』 81쪽에서 인용.

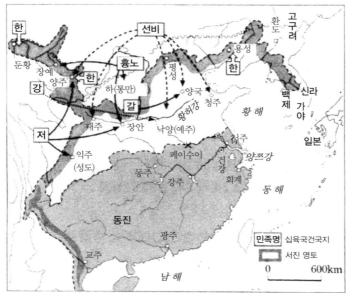

이 오호십육국시대의 지도는 가와모토 요시아키川本芳昭의 『중화의 붕괴와 확대中華
の崩壊と擴大: 위진남북조』 56쪽에서 인용.

아마도 이 나라 이름과 인명을 다 기억하는 사람은 별로 없겠지만
이른바 '16국'이 기본적으로 북방에 있었다는 것은 대부분 알고 있을
것이다. 그리고 위 지도를 통해 이 현상이 왜 '오호난화五胡亂華', 즉 다
섯 이민족이 중국을 어지럽힌 것으로 일컬어지는지 어렵지 않게 확인
할 수 있다.

지도에 나타난 것처럼 진 왕조의 강토 중 절반이 상실되고 말았다. 더욱이 관중 지역은 원래 주나라 문명의 발상지이며 장안과 낙양은 진, 한, 위, 진 네 왕조의 수도로서 중화문명의 본거지였다. 그런데 지금 그곳들이 통째로 '이민족 천지'가 되고 만 것이다.

그것은 확실히 많은 이에게 가슴 아픈 일이었다. 잘 알려져 있다시피 한족의 전신은 화하족華夏族이었고 화하족의 근거지는 중원이었다. 심지어 주 성왕成王 시대의 청동기, 하존何尊에 새겨진 '중국中國'이라는 두 글자는 바로 낙양을 가리킨다. 이것은 현재까지 발견된, '중국'에 관한 가장 최초의 문자 기록이다. 따라서 낙양이 이민족의 수중에 떨어졌다는 것은 로마 제국이 로마를 잃은 것만큼 심각한 일이었다.

더욱이 화하족에게는 줄곧 '중국'을 차지해야 정통이고 정통이어야 천하를 다스릴 수 있다는 관념이 존재해왔다.(자세한 내용은 이중톈 중국사 2권 『국가』와 3권 『창시자』 참고) 하, 상, 주, 진秦, 한, 위, 진晉이 모두 그러했다. 그렇다면 이제 이민족이 "중국을 차지했으니" 그들이 천자가 되어 천하를 다스려야만 했을까?

이민족은 그래야 한다고 생각했고 한족은 그래서는 안 된다고 생각했다.

그래서는 안 된다고 생각했던 한족의 대표자는 유곤劉琨이었다. 유곤은 중원이 함락될 즈음에 '적 후방 전투'를 고집했던 서진의 장군으로서, 흉노를 배반할 생각이었던 갈족의 장군 석륵石勒을 시험하면서 이런 이유를 댔다.

"당신네 이민족은 어쨌든 천자가 될 수 없으니 우리 진 왕조에 와서 명신名臣이 되는 것이 낫지 않겠소?"

석륵은 예의 바르게 명마와 보물을 사신에게 딸려 보내면서 유곤에게 이런 회신을 전달했다.

"장군은 한족이니 당연히 진 왕조에 충성을 다하겠지요. 하지만 나 석륵은 원래 이민족이니 귀국의 일은 도와주고 싶어도 그럴 수 없습니다."14

유곤은 이렇게 퇴짜를 맞았고 석륵은 스스로 황제가 되었다.

석륵은 중국 북방의 다섯 이민족 중에서 최초로 칭제를 한 인물은 아니었다. 최초로 칭제를 한 인물은 흉노의 유연劉淵이었고 국호는 한漢이었다. 그는 심지어 자신이 한나라의 합법적인 계승자라고 선언했다. 과거에 묵돌冒頓 선우單于(흉노의 최고 우두머리)가 유방의 사위였으므로 후대의 선우들과 한 황제는 사촌 관계인데, 지금 한나라의 적통이 끊겼으니 마땅히 자기가 대한 왕조의 제위를 이어야 한다는 것이었다.

안타깝게도 유연의 주장은 널리 인정을 받지는 못했다. 그의 국호도 훗날 조카 겸 양자에 의해 조趙로 바뀌었는데 역사에서는 이를 전조前趙라고 부른다. 갈족의 석륵이 세운 나라도 조인데 역사에서는 후조後趙라고 부른다. 전조는 후조에 의해 망했고 후조는 염위에 의해 망했으며 염위는 전연前燕에 의해, 전연은 전진前秦에 의해 망했다. 전

---

14 『진서』「석륵재기상石勒載記上」 참고.

연이 망한 뒤, 중국 북방은 잠시 전진의 것이 되었다.

전진은 저족氐族의 정권이었고 전연은 선비족의 정권이었다. 그래서 오호십육국시대의 전반기에 활약한 주역은 흉노(전진), 갈(후조), 선비(전연), 저(전진) 그리고 전진이 쇠락할 때 갑자기 등장한 강羌(후진後秦)이었다. 후반기의 주역은 당연히 선비였다. 그들이 건립한 북위는 무려 한 세기 가까이 지속되었다.

이민족은 왕이 될 수 없다고 누가 말했던가?

당연히 될 수 있었다. 천하를 독차지하고자 한 것은 그저 한족의 일방적이고 비현실적인 바람일 뿐이었다. 실제로 흉노의 유연이 돌파구를 연 후로 중국 북방은 장장 두 세기 반에 걸쳐 이민족들의 무대가 되었다. 마지막에 전 중국을 통일한 것도 이민족과 한족의 혼혈 왕조인 북방의 수와 당이었다.

이것이 바로 사실이자 역사다.

사실 이민족을 경멸해 마땅한 열등 민족으로 보는 것 자체가 황당무계한 문화적 편견이다. 하물며 이른바 '오호'는 결코 머나먼 이국에서 갑자기 중국에 쳐들어온 이들이 아니었다. 그들은 진작부터 중국 국경 안에 살면서 한족과 섞여 살거나 심지어 피를 섞었다. 다시 말해 그들은 이미 '중국인Chinese'이었으므로 이방인으로 취급받을 이유가 전혀 없었다.

033   하지만 어쨌든 한족의 문화가 더 선진적이었으므로 사태는 두 가

지 결과로 이어졌다. 한편으로는 한족에 대한 북방 이민족의 차별과 압박이 참으려야 참을 수 없는 지경에 이르렀다. 또 다른 한편으로는 한족의 문명과 제도에 대한 이민족의 경외와 동경이 한층 더해졌다. 그래서 이민족은 중원에 들어와 나라를 세운 후로 '호화胡化'를 추진하기는커녕 거꾸로 자신들을 '한화漢化'시켰다.

한화는 일찍부터 시작되었다.

제일 먼저 한화되기 시작한 이민족은 흉노였다. 후한 광무제시대부터 그들은 계속 남쪽으로 이동해 황하의 오르도스 지역에서 만리장성을 따라 자리를 잡고 한나라의 국경 수비대 겸 동맹군 역할을 했다. 그런데 그 세월이 서진시대까지 무려 200여 년이었으니 흉노는 단순히 이민족으로 분류되기 힘들었다. 유연이 자신에게 한 왕조의 뒤를 이을 권리가 있다고 선언한 것은 그저 허무맹랑한 이야기만은 아니었던 것이다.

후조를 건립한 갈, 전진을 건립한 저, 후진을 건립한 강은 한화의 정도와 깊이는 각기 달랐지만 한족 문화에 대한 열정만은 흉노에 못지않았다. 전진의 황제 부견苻堅은 심지어 한학자라 불릴 만했다. 언젠가 그는 자못 득의양양하게 말했다.

"짐은 한 달에 세 번씩 태학太學에 들르니, 주공周公과 공자의 전통은 짐이 있는 곳에서는 중단될 일이 없을 것이다."[15]

그러나 가장 강력한 이민족은 선비였다.

---

15 『진서』 「부견재기상」 참고. 따로 판수즈樊樹志의 『국사개요國史概要』와 르네 그루세의 『중국의 문명Histoire de Chine』 참고.

혹은 선비 척발씨拓跋氏의 북위였다.

북위는 위진이 아니라 남북조에 속하므로 천천히 이야기하기로 하자. 그래도 단정 지어 말할 수 있는 것은 북위의 한화가 철저하면서도 전면적이었다는 사실이다. 효문제孝文帝 척발굉拓跋宏은 심지어 선비족의 전통 복장과 말을 못 쓰게 하고 귀족들의 선비족 성씨를 죄다 한족 성씨로 바꿨을 뿐만 아니라(예를 들어 척발씨는 원元씨로 바꿨다) 6명의 동생들도 자기처럼 한족 고관의 딸을 아내로 삼게 했다.

결국 겨우 30년 만에 이 민족은 한족에 융화되었다. 그리고 남방의 한족들이 점점 잊어가던 일부 문화 전통이 북방 이민족인 흉노, 갈, 저, 강, 선비에게서 되살아났다.(이에 대한 내용은 이중톈 중국사 12권 『남조와 북조』에서 서술될 것이다.)

이런 점은 '오호난화'가 아니라 '오호입화五胡入華'라고 불러야 할 것이다.

사실상 이민족들의 이런 융화로 인해 한족이 다수인 새로운 민족이 탄생했고 중국 역사상 '두 번째 제국'(수와 당)도 건립될 수 있었다. 한편 당시 유럽에서도 민족의 대이동이 일어나 게르만족이 대규모로 로마 제국에 쏟아져 들어갔으며, 로마 제국이 직면한 운명과 선택도 거의 중국과 일치했다.

물론 그것은 뒷이야기에 불과하다.

누구의 동진이었나

서기 318년은 아마도 새로운 시대가 열린 해일 것이다. 그 전해에는 서진의 마지막 황제가 피살되었고 이해에는 사마예司馬睿가 건강建康(지금의 난징)에서 즉위하여 동진의 원제元帝가 되었다. 그리고 이듬해에는 흉노가 세운 '한'의 황제 유요劉曜가 국호를 전조로 바꿨으며 갈족의 장군 석륵은 후조를 세우고 황제가 되었다.

이때부터 동진은 강남江南을, 전조는 관중을, 후조는 관동關東을 점유했다. 남방과 북방 모두 주인 혹은 주역이 바뀐 것이다.

북방은 이민족이 주인이 됐고 남방은 사족이 주역을 맡았다.

이민족과 사족은 이 시기 역사를 쓴 두 자루 붓이었다.

남방이 사족의 천하가 된 것은 이상한 일이 아니었다. 동진의 첫 번째 황제 사마예가 정치적 자본이 얼마 없었기 때문이다. 그가 망명정부를 세우고 제위에 오를 수 있었던 것은 전적으로 사족들의 옹호와 지지 덕분이었다. 더 행운이었던 것은 그 사족들에게 일을 주재할 만한 고명한 정치가가 있었다는 점이다.

그는 바로 왕도王導였다.

왕도는 명문 귀족 출신으로 낭야琅邪(지금의 산둥성 린이臨沂) 사람이었으며 원래 낭야왕이었던 사마예와 오랜 친구였고 동진의 건립은 사실 그의 아이디어에서 비롯되었다. 왕도는 중국이 혼란해질 것을 진작 꿰뚫어보고 사마예에게 안동安東장군을 맡으라고 권했으며, 그로 하여금 강을 건너 건업建鄴(진 민제 때 건강으로 개명)에 주둔하여 미래를 준비하게 했다.[16]

나중에 왕도가 선견지명이 있었음이 증명되었다. 9년 뒤, 과연 서진이 망했기 때문이다. 이로써 북방 사족은 고향을 잃었고 남방 사족은 중앙정부를 잃었다. 정치와 문화 양쪽에서 다 영향력이 있던 대가문은 분분히 남쪽으로 내려갔다.(역사에서는 이를 '의관남도衣冠南渡'라 부른다.) 그리고 도망쳐온 난민들이 건업(건강)에 운집하여 건업은 또 하나의 낙양이 되었다.

사마예의 칭제는 순조로울 것처럼 보였다.

그러나 신출내기 사마예가 아무 명망도 없었던 것이 문제였다. 북방 사족은 그를 신뢰하지 못했고 남방 사족은 그에게 의심을 품었다. 사마예 자신조차 남에게 얹혀사는 느낌에 늘 좌불안석이었다.

이번에도 역시 왕도가 나섰다.

037　왕도는 중원이 필히 함락되고 진 황실은 부흥할 수 없음을 잘 알고

---

16 『세설신어世說新語』「언어言語」 유효표주劉孝標注의 등찬鄧粲의 『진기晉記』 인용문 참고.

있었다. 유일한 활로는 장강 동남부에 정착해 북방 이민족과 장강을 경계로 천하를 나누는 것이었다. 이렇게 한다면 권문세가의 기득권을 지키고 화하문명의 명맥을 이을 수 있었다.

이 계획이 실현되려면 사마씨 가문의 일원이 황제가 돼야 했고 또 남북의 사족이 힘을 합쳐야 했다. 전자가 이뤄져야 '화하의 정통'이라는 명분을 유지할 수 있었고 또 후자가 이뤄져야 새 정권이 공중누각에 그치지 않을 수 있었다.

애석하게도 그것은 어려운 일이었다. 북방 사족은 강동江東 지역을 '오랑캐의 땅'으로, 남쪽 사람들을 '망국의 후예'(오나라 손씨 정권의 잔재)로 여겼다. 그리고 남방 사족은 북방 사족을 침입자로 간주해 그들이 자신들의 기반과 이익을 침범하는 것을 증오했다. 이 양자 간의 모순을 화해시키는 것이 관건이었다.

이를 위해 왕도는 온갖 수단을 강구했다. 낙양 말만 고수하던 북방 사족과 달리 남방의 사투리인 오어吳語까지 익혔고, 교기법僑寄法을 제정해 남방 사족의 세력이 비교적 약한 지역에 교주僑州, 교군僑郡, 교현僑縣을 설립했다. 이는 북방 사족의 강동에서의 특별 구역이자 영지에 해당되었다. 이것은 양쪽의 이익을 함께 고려한 조치였다. 더 중요한 것은 그가 남방 사족의 우두머리에게서 지지를 얻어낸 것이었다.[17]

고영顧榮을 예로 들어보자.

고영은 옛 오나라의 4대 가문 출신으로서 조부인 고옹顧雍은 손권 **038**

---

17 왕도의 사적은 따로 주 없이 모두 『진서』 「왕도전」 참고.

의 승상이었다. 왕도의 노력으로 그는 앞장서서 사마예를 옹호하고 지지했으며 사마예와 길고 의미심장한 대화를 나누기도 했다.

사마예가 말했다.

"남의 국토에 머무르려니 무척 부끄럽소이다."

고영은 무릎을 꿇고 답했다.

"왕에게는 천하가 다 집이오니 폐하는 너무 개의치 말고 천도하시옵소서."[18]

이것은 사실 일종의 묵계였다. 사마예는 새 정권과 북방에서 이주해온 사족들을 대표해 강동의 진정한 주인이 현지의 토착민임을 인정한 것이었고, 고영은 강동의 토착 사족을 대표해 사마씨 정권이 화하의 정통임을 인정하고 손을 잡기로 한 것이었다. 이때부터 남과 북이 조화를 이뤄 동진과 남조의 기반이 공고해졌다.[19]

왕도는 성공했다.

확실히 왕도가 없었으면 동진도 없었을 것이다.

사마예는 이를 잘 알고 있었다. 그래서 제위에 등극하는 날, 거듭 왕도에게 옥좌에 나란히 앉아 문무백관의 축하를 받으라고 했다. 이에 왕도는 공손히 사양하며 말했다.

"태양과 만물이 함께 빛난다면 신하들이 장차 어떻게 우러러보겠습니까?"

039　사마예는 그제야 명령을 거뒀다.[20]

---

18 『세설신어』「언어」 참고.
19 천인커陳寅恪의 『위진남북조사 강연록』과 뤄위밍駱玉明의 『세설신어정독』 참고.

그러나 왕도에게 황제에 버금가는 존엄함이 없었던 것처럼, 황제도 왕씨를 위협할 만한 권력을 갖지는 못했다. 동진 초기, 행정권은 왕도의 수중에 있었고 군사권은 왕도의 사촌형 왕돈王敦이 틀어쥐고 있었다. 왕도는 안에서 조정을, 왕돈은 밖에서 군대를 관장했으므로 실질적인 권력은 절대로 황실에 있지 않았다. 그래서 당시 사람들은 왕씨와 사마씨가 천하를 공유한다고들 말했다.

실제로 임금과 신하의 공동 통치가 동진 왕조의 특색이었다. 다만 이 왕조는 천하의 절반을 점유하는 데 그쳤고 정치에 참여한 권신도 왕도의 가문에서만 나오지는 않았다. 정확히 말하면 고급 사족들이 돌아가며 동진의 정치를 좌지우지했다. 그중에서도 권위와 영향력이 가장 컸던 것은 아래의 4대 가문이었다.(집권 순서대로 배열)

왕씨王氏: 왕도王導
유씨庾氏: 유량庾亮
환씨桓氏: 환온桓溫
사씨謝氏: 사안謝安

중당中唐의 시인 유우석劉禹錫이 옛날 귀족들의 화려했던 세월을 돌아보면서 "옛날 왕도와 사안의 집에 드나들던 제비들舊時王謝堂前燕"이라고 읊은 연유가 여기에 있다.

---

20 『진서』 「왕도전」과 『세설신어』 「총례寵禮」 참고.

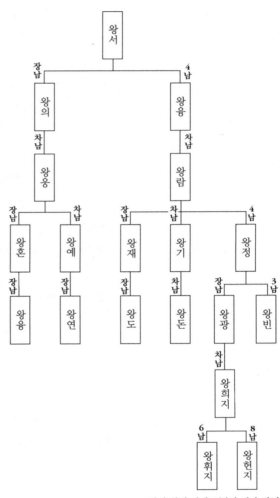

낭야 왕씨 가계도(이번 권과 관련 있는 인물들)

확실히 동진 정권에 가장 큰 공헌을 한 인물은 왕도와 사안이었다. 왕도는 기반을 닦았고 사안은 그것을 지켰다. 서기 383년, 전진의 황제 부견은 대군을 일으켜 압도적인 우세로 동진을 침공했다. 이때 정권을 쥐고 있던 사안은 동생 사석謝石을 총사령관으로, 조카 사현謝玄을 선봉장으로 삼아 수도 밖에서 수적 열세를 딛고 일거에 부견을 패퇴시켰다.

이것이 바로 유명한 비수대전淝水大戰이다.

비수대전은 큰 의미가 있었다. 당시 북방은 이민족의 수중에 들어갔고 남방도 아직 철저히 한화되지 못했기 때문에 한족과 한족의 문화는 강동을 보루로 삼은 채 대단히 위태로운 상태였다. 그래서 사안, 사석, 사현의 승리는 동진 왕조뿐만 아니라 화하문명 전체를 구해냈다.

이를 통해서 보면 임금과 신하의 공동 통치는 더없이 완벽했던 것 같다.

그러나 안타깝게도 동진의 정치는 '허군공화虛君共和'(군주가 국가의 원수이지만 정치적 실권은 없는 정치제도)의 속성이 있기는 했지만 제도적, 법률적 보장은 부재했다. 진 원제 사마예와 그의 후손들은 헤게모니를 잃은 것을 달가워하지 않았고 권신들 중에도 음모가와 야심가가 적지 않았다. 왕돈과 환온은 제위의 찬탈을 기도했으며 환온의 아들 환현桓玄은 끝내 칭제를 했다. 어쨌든 위와 진, 두 왕조 모두 '선양'으로 나라를 세웠는데 사마씨 가문도 다른 사람이 자신들의 조상이 쓴 수법을 본받는 것을 저지하지는 못했다.

그래서 동진의 정치는 서진 못지않게 어지러웠다. 단지 서진에서는 황실과 황실이 싸웠고 동진에서는 황실과 권신이 싸웠다. 그리고 권신 사족 간에도(예를 들어 왕도와 유량, 환온과 은호殷浩), 북방 사족과 남방 사족 간에도, 또 고급 사족과 하급 사족, 명문 사족과 한문寒門 서족 庶族(사족에 속하지 못한 중소 지주) 간에도 갈등이 잇달았다.

그 결과, 어떻게 되었을까?

동란이 빈번했다. 비수대전 이전에는 왕돈의 난과 소준蘇峻의 난 그리고 미수에 그친 환온의 제위 찬탈 기도가 있었다. 또 비수대전 이후에는 손은孫恩의 난, 환현의 난, 노순盧循의 난이 있었다. 소준의 난 때는 건강의 궁궐이 불탔고 환현의 난 때는 국호가 초로 바뀌었다. 이처럼 내전을 피해가기 어려웠다.

동진은 결코 평화롭지 않았다.

마지막으로 동진의 정권은 서족 출신인 유유劉裕의 손에 넘어갔다. 더욱이 위가 한을 대신하고 진이 위를 대신한 과정이 되풀이되었다. 서기 420년(원희元熙 2), 진 공제恭帝 사마덕문司馬德文이 송왕宋王 유유에게 제위를 양도했다. 이로써 동진은 11명의 황제를 거쳐 104년 만에 내전으로 인해 멸망했다.

유유의 새 왕조는 국호가 송이었으며 역사에서는 '유송'이라 불린다. 훗날 북방과 남방에 모두 존재했던 '조송趙宋'과 구분하기 위해서다. 유유 자신은 남조의 송 무제가 되었다. 그리고 그가 제위에 오른 지 19년 만에 북위가 북량北涼을 멸함으로써 오호십육국시대가 끝이 나고 남북조시대가 시작되었다.

총체적 붕괴

조위가 후한을 대신했을 때부터 북위가 북량을 멸한 때까지 역사상
의 '위진십육국'이 도합 219년간 이어졌다. 여기에 동탁이 낙양에 진입
한 뒤부터 조비가 칭제를 하기 전까지의 후한 말엽을 더하면 정확히
250년이다. 만약 가장 간단한 말로 이 두 세기 반을 표현해야 한다면
그것은 '난亂', 이 한 글자밖에 없다.

난, 즉 어지러웠고 동시에 부패했다.

부패는 거의 양진, 즉 서진과 동진의 천성이었다. 언젠가 진 무제
사마염이 대신 유의劉毅에게 이런 질문을 한 적이 있었다.

"경은 짐을 한나라의 어느 황제에 견주고 싶은가?"

유의가 답했다.

"환제桓帝와 영제靈帝입니다."

045　　진 무제는 대경실색했다.

"그것은 너무하지 않은가?"

"환제와 영제는 관직을 팔고 그 돈을 국고에 넣었습니다. 그런데 폐하는 관직을 판 돈을 사사로이 챙기시지요. 이렇게 보면 폐하는 그들보다도 못합니다."

진 무제는 어쩔 수 없이 둘러대듯 말했다.

"하지만 그들에게는 자네처럼 곧은 신하가 없지 않았는가."[21]

유의의 말은 사실이었다. 서진 왕조는 처음부터 부패하고 타락했다. 일찍이 역사가는 이렇게 서술했다.

"당시 사족들은 사람이 금수처럼 행동하는 것을 사리에 밝다 여겼고 관직을 구하면서 정도를 걷지 않는 것을 재능이라 여겼으며 관직에 있으면서 책임지지 않는 것을 고상하다 여겼다. 관직 사회에서는 책임을 회피하는 사람만 있었고 조정에서는 인재에게 자리를 양보할 줄 아는 사람이 없었다. 모든 사람이 오직 두 가지 목표, 즉 명예와 이익을 좇았다."[22]

지위 높은 사족만 이랬던 것이 아니라 지위 낮은 서족도 마찬가지였다.

가충賈充을 예로 들어보자.

가충은 '팔왕의 난'을 초래한 가 황후의 아버지였고 그의 아버지는 가규賈逵였다. 가규는 결연히 조위 정권을 수호한 인물이었다. 당시 사마의가 꿈에서 그가 악귀로 변한 것을 보고 놀라 비명횡사했다는 소

21 『진서』「유의전」 참고.
22 『진서』「효민제기론孝愍帝紀論」 참고.

문이 돌 정도로 그는 의지가 굳세고 뚜렷했다.[23]

하지만 가충은 사마씨 가문의 주구가 되었고 어린 황제 조모도 그의 손에 죽었다. 당시 헤게모니를 갖지 못해 불만이던 조모가 친병을 이끌고 사마소의 재상부에 쳐들어갔을 때, 재상부의 병사들은 감히 한 명도 앞으로 나서지 못했다. 그런데 이때 가충이 크게 호통을 쳤다.

"재상께서 오랫동안 병사들을 기른 것은 바로 이때를 대비한 것이 아니었느냐?"

그래서 조모는 피살되었다.

그것은 당연히 유가의 윤리나 제국의 법률이 도저히 용인할 수 없는 범죄였다. 그래서 사마소가 뒷수습을 하려고 회의를 소집했을 때, 대신 진태陳泰가 명확히 의견을 밝혔다.

"가충의 허리를 잘라야만 백성의 분노를 가라앉힐 수 있을 겁니다."

그러자 사마소가 물었다.

"두 번째 방안은 없는가?"

"그것이 가장 좋은 방안입니다. 그다음 방안은 없습니다."[24]

물론 사마소는 진태의 의견을 받아들이지 않았다. 따로 다른 희생양을 찾는 방안을 택했다. 사마소와 사마염 부자는 사실 가충에게 무척 고마워했다. 안 그랬으면 가남풍이 황후가 되는 일도 없었을 것

23 『삼국지』 「왕릉전王淩傳」 배송지주의 『진기』 인용문 참고.
24 『진서』 「문제기」 참고.

이다. 실제로 가충은 사마소를 크게 도와주었다. 사마소가 하려던 일을 대신 처리함으로써 그가 계속 거짓의 가면을 쓰고 있을 수 있게 해주었다.

그것은 유가가 중시하는 충효와 인의의 가면이었다.

그 가면은 진작부터 존재했다. 사마의부터 사마염까지 이 가문은 줄곧 예와 효를 중시했기 때문이다. 사마소가 죽은 뒤, 사마염은 심지어 대신들의 반대를 무릅쓰고 삼년상을 고수하며 이런 말을 남겼다.

"짐은 원래 유생이고 집안 대대로 예를 물려받았는데 어찌 천자가 되었다고 본색을 잊을 수 있겠는가?"[25]

그것은 실로 기발한 생각이었다. 국가의 원수로서 역사상 어느 황제도 삼년상을 행한 적이 없었다. 그런데 사마염은 그것을 실천함으로써 자신이 순수한 유가이자 진짜 사족임을 표방했다.

그러나 이 '순수한 유가'는 대단한 호색한이었다. 그의 후궁에는 여자들이 많을 때는 만 명에 달해서 그 자신조차 누구와 자야 할지 몰랐다. 그래서 양이 끄는 수레를 타고 궁을 돌다가 무조건 양이 멈추는 집에 들어가곤 했다. 그 불쌍한 여인들은 대나무 잎을 창가에 꽂고 소금물을 바닥에 뿌려, 양이 자기 집 앞에 서기를 고대했다.

그럴 생각이 없었던 여자는 호방胡芳이 유일했다.

호방은 정남征南장군 호분胡奮의 딸로서 진 무제 사마염에 의해 귀비로 책봉되었다. 이 장군의 딸은 황제를 별로 대수롭지 않게 여겨서 입 **048**

25 『진서』「예지중禮志中」 참고.

궁 후에 대성통곡을 했고 사마염과 놀이를 할 때도 전혀 양보하는 일
이 없었다.

사마염이 대로하여 말했다.

"당신은 진짜 장군의 씨앗이로군!"

그런데도 호방은 지지 않고 맞받아쳤다.

"북쪽에서는 공손연을 토벌하고 서쪽에서는 제갈량을 물리친 사
람(사마염의 조부 사마의를 뜻함)의 자손은 장군의 씨앗이 아니고 또 뭔가
요?"[26]

그때 사마염의 얼굴에는 부끄러운 기색이 가득했다고 한다.

확실히 사마염은 부끄러워해야 마땅했다. 하지만 그것은 그의 조
부 사마의가 한때 군직을 맡았기 때문이 아니라, 그와 그의 왕조의
허위 때문이었다. 음모와 속임수로 세워진 그 제국은 탐욕과 사치와
잔인함과 사기와 음란함이 가득했는데도 유가 윤리의 도덕적 기치를
높이 치켜들고 있었다.

기치는 반드시 필요했다. 기치는 방향이자 힘이었기 때문이다. 기치
에 '인의도덕仁義道德'이라는 네 글자를 적은 것은 조씨의 위나라와 구
별하기 위해서였다. 조조는 '법가적 서족의 노선'을 견지한 인물이었
고 제갈량도 마찬가지였다.(이중톈 중국사 10권 『삼국시대』 참고) 유가적 사
족의 사마씨 정권은 당연히 그와 반대로 나아가야 했다. 그것이 그들
건국의 근본이었다.

26 『진서』 「후비전상后妃傳上」 참고.

그러나 실제로는 어땠을까? 군주를 시해하고 제위를 찬탈한 것은 불충이었고, 태후를 폐한 것은 불효였고, 골육상잔은 불경이었고, 무고한 이들을 살육한 것은 불인不仁이었고, 권력과 이권을 두고 다툰 것은 불의였고, 주권을 상실해 나라를 욕보인 것은 무능이었다. 여기에 유가의 윤리가 어디 있단 말인가? 단지 입으로만 인의도덕을 떠벌리면서 비열하고 나쁜 생각만 머릿속에 가득했을 뿐이다.

그 결과, 어떻게 되었을까?

중화제국의 정신적 지주가 처참하게 무너졌다.

그 지주는 바로 유가의 학설이었다. 유가는 독보적인 지위를 차지한 후로 몇 세대 사람들의 부단한 노력을 거쳐 이미 한족의 정신을 사로잡고 양한兩漢, 즉 전한과 후한 400여 년의 안정을 유지시켰다. 그런데 어째서 그토록 쉽게 무너진 것일까?

사마씨 가문의 위선 탓도 있었지만 유학 그 자체에도 문제가 있었다.

문제는 유학이 관학官學(정식 명칭은 경학經學이다)으로 변한 데서 비롯되었다. 관학은 권위적이며 정치적이다. 관학의 이 두 가지 속성으로 인해 유학은 춘추전국시대의 원시적인 생명력을 잃고 경직된 신화와 도그마의 길을 걸으며 사람들에게 증오의 대상이 되었다.

양한 경학의 특징을 말하면 첫째, 장황하고 진부했으며 둘째, 황당하고 터무니없었다. 혹은 일부러 심오한 체하며 술수를 일삼았다. 일례로 다섯 글자로 이뤄진 경문에 2, 3만 자의 주해를 달기도 했다. 평 **050**

범한 한마디에서 크고 신비로운 뜻을 읽어낸 것이다. 과연 이런 것이
학술이나 사상이었을까?

당연히 학술도 사상도 아니었다.

그래서 양한의 경학은 훗날 통치자(왕망王莽과 유수劉秀를 예로 들 수 있
다)에게조차 염증을 불러일으켰다. 그랬으니 똑똑한 진짜 학자와 지식
인들은 더 말할 나위가 없을 것이다. 이에 따라 위진시대 이후의 상
류사회는 유학을 버리고 이단적인 학설에 관심을 가져, 새롭고 선진
적인 사조가 들판의 불길처럼 천하를 석권했다.[27]

가장 먼저 일어난 것은 현학玄學이었다.

현학은 위진시대 사상문화의 상징적인 성과로서 현학가들은 청담
淸談 혹은 현담玄談을 주장했다. 이름의 의미를 풀이해보면 현학의 특
징을 어렵지 않게 파악할 수 있다. 정치를 멀리하고 현실을 회피하며
도덕과 관계하지 않고 세속적인 일을 멸시하면서, 단지 깊고 오묘한
이론적 문제만 파고들며 탈속적인 고상한 삶을 동경하는 것이었다.

그것은 이성과 사변의 진정한 순수철학이었다.[28]

이런 철학은 당연히 윤리와 정치와 현실을 중시하는 유학에 강한
충격으로 작용했다. 더구나 불학佛學까지 그 충격을 조장했다. 후한시
대에 유입된 불학은 이민족의 문화로서 '오호'보다도 더 비중국적이었
다. 하지만 그런데도 지식계와 통치자들에게 널리 환영을 받았으니
051 실로 큰 변화가 아닐 수 없었다.

---

27 「송서宋書」「장도서광룡전론臧燾徐廣博隆傳論」 참고.
28 리쩌허우李澤厚의 「미의 역정美的歷程」 참고.

불학은 외래문화였고 현학은 내부의 반대파였다. 유학은 이런 안팎의 협공 앞에서 이미 버텨낼 힘이 없었다. 이 정신적 지주가 사라지면서 양한이 가까스로 수립한 정신세계도 총체적으로 붕괴될 수밖에 없었다.

그렇다. 그것은 희망 없는 시대였다. 국토는 사분오열이 되고 정권은 빈번히 교체됐으며 시국은 시시때때로 바뀌고 전란이 끊이지 않았다. 황제를 비롯해 그 누구도 자신의 안전을 확신하지 못했다.

위진의 혼란은 무엇보다도 먼저 사람들의 마음에 존재했다.

난세는 영웅을 낳지만 사상도 낳는다. 춘추전국시대에 예악이 붕괴되지 않았다면 백가쟁명은 없었을 것이다. 마찬가지로 후한 말기 이후의 부패가 없었다면 위진풍도는 없었을 것이다. 다른 점이 있다면 백가쟁명은 추앙을 받았지만 위진풍도는 칭찬과 비판이 엇갈렸다. 앞으로 우리는 그 안에 숨겨진 비밀을 찾아 나설 것이다.

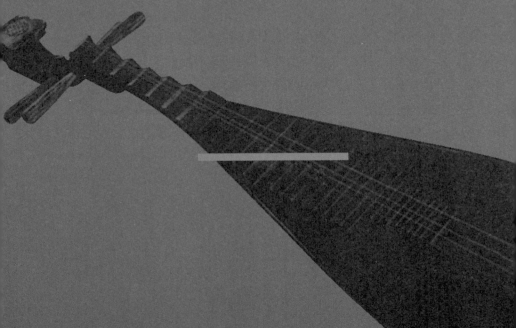

제2장

인물

지위와 명예를 송두리째 잃은 왕돈은 동진의 첫 번째 반신叛臣이자 첫 번째 영웅이었다.
그의 거칠고 오만하며 모든 것을 경시하는 강인한 정신은 후인들에게 동경의 대상이 되었다.

영웅과 간적

한참 침묵을 지키던 허소許劭가 조조의 질문에 답했다.

그때 조조는 아직 젊은이였고 허소는 이미 후한 말엽의 저명한 평론가였다. 허소는 매달 초하루, 당시의 인물에 관한 평을 발표했는데 이를 '월단평月旦評'(음력 정월 초하루를 원단元旦이라 하고 매월 초하루를 월단이라 한다)이라 불렀다. 허소가 평한 인물은 즉시 천하에 이름이 알려졌으므로 조조도 그것을 노리고 그를 만나러 갔다.

그러나 명사인 허소는 환관 집안 출신의 그 젊은이를 무시했다. 조조는 갖은 방법을 다 동원하여 거의 행패에 가깝게 허소를 몰아붙여 답을 얻으려 했다. 결국 허소는 다음과 같이 평했다.

평화로울 때는 간적, 난세에는 영웅이 될 것이다.

이 말을 듣고 조조는 미친 듯이 기뻐하며 갔다고 한다.[1]

조조는 당연히 기뻤을 것이다. 당시 그는 아직 전혀 알려진 인물이 아니었고 심지어 남에게 멸시당하기도 했다. 오직 태위 교현橋玄만 그를 눈여겨보고 장차 천하를 안정시킬 사람으로 인정했다. 조조가 허소를 만나러 간 것도 교현의 권유 때문이었다.[2]

사실 교현도 조조를 평했는데 그것은 허소와 거의 비슷했다.

난세에는 영웅, 치세治世에는 간적이 될 것이다.[3]

이 이야기는 당시 널리 알려지고 갖가지 다른 판본이 있었을 게 분명하다. 하지만 후대에 가장 인정받은 것은 아래의 평이다.

치세에는 유능한 신하, 난세에는 간웅이 될 것이다.[4]

이때부터 간웅이라는 두 글자는 조조의 꼬리표가 되었다.

이 꼬리표는 교현과 허소의 평이 변화된 것으로 보인다. 그들은 둘 다 간적과 영웅이라는 단어를 사용했는데 이 단어들을 합친 것이 바로 간웅이기 때문이다.

하지만 위의 세 가지 평은 각기 의미가 다르다. 첫 번째 평과 두 번째 평에 따르면 조조는 치세에 살면 남을 해칠 테니 난세에 살아야

1 『후한서』 「허소전」 참고.
2 『삼국지』 「무제기」 본문과 배송지주의 『위서魏書』 및 『세어』 인용문 참고.
3 『세설신어』 「식감識鑑」 참고.
4 『삼국지』 「무제기」 배송지주의 손성孫盛, 『이동잡어異同雜語』 인용문 참고.

좋다. 그런데 세 번째 평은 이와 정반대다. 이 세 번째 평 역시 허소가 남긴 것으로 알려져 있다.

어느 평이 가장 오래되고 믿을 만한지 따질 필요는 없다. 어느 평이든 조조가 보통 사람이 아님을 인정하고 있기 때문이다. 사실 후한 말과 위진 시기에는 영웅과 간웅 혹은 효웅이 그리 큰 차이가 없었다. 그리고 영웅이라는 단어는 명확한 정의가 존재한다.

풀 중에서 빼어난 것을 영英이라 하고 짐승 중에서 출중한 것을 웅雄이라 한다.[5]

영과 웅은 똑같이 탁월하고 두드러진 것을 가리키는 게 분명하다. 단지 식물 가운데 가장 우수한 것을 영이라 하고 동물 가운데 가장 뛰어난 것을 웅이라 할 뿐이다. 이것은 무리를 뜻하는 군群과 중衆에서 단지 동물은 군이라 하고 사람은 중이라 하는 것과 비슷하다. 그래서 어떤 사람이 꽃처럼 아름다우면 '영준英俊'하다고 하고 호랑이나 표범처럼 강하면 그 모습을 '웅자雄姿'라고 하는 것이다.

그래서 사람들은 원래 동식물에 쓰던 '영웅'이라는 단어를 인물에 옮겨와 사용하면서 아래와 같은 정의를 내렸다.

057 총명함이 빼어난 것을 영이라 하고 담력이 뛰어난 것을 웅이라 한다.

---

5 유소劉劭, 『인물지人物志』 「영웅」 참고. 아래 인용도 동일.

확실히 영은 재주가 출중하거나 타고난 재능이 뛰어나거나 젊음이 두드러진 것이며, 웅은 두려움이 없거나 힘이 강하거나 위풍당당한 것이다. 이에 따르면 조조는 당연히 영웅이었다. 그 자신도 그렇게 생각했고 다른 사람도 그렇게 보았다.

한번은 흉노가 중원에 사신을 보내왔다.

그때 조조는 이미 위왕이었지만 자신의 용모가 보잘것없는 것이 부끄러워 최염崔琰에게 대신 접견하게 하고 자기는 호위병처럼 칼을 쥐고 옆에 서 있었다. 나중에 그는 사람을 보내 사신에게 묻게 했다.

"위왕의 인상이 어땠습니까?"

이에 사신은 말했다.

"위왕(최염)은 풍채가 당당하더군요. 하지만 그분의 의자 옆에서 칼을 쥐고 있던 사람(조조)이야말로 진정한 영웅이었습니다."

이 말을 전해 듣자마자 조조는 그 사신을 암살했다.[6]

이 일화는 신빙성이 다소 부족하지만 그 안에 깃든 관념은 의심의 여지 없이 그 시대에 속한다. 첫째, 영웅은 사람의 눈길을 끈다는 것이고 둘째, 어떤 사람이 영웅인지 아닌지는 외모와도 도덕과도 무관하며 단지 기질과 관련이 있다는 것이다.

조조는 당연히 그 기질이 있었다.

실제로 후한과 위진의 이른바 '영웅'은 결코 도덕에 의해 평가되지 않았다. 기질이나 사실로 판단되었다. 다시 말해 어떤 사람이 타고난 **058**

재능이 비범하고 기상이 뛰어나다면 설사 사고뭉치라 하더라도 영웅이었다.

그래서 동탁도 영웅이었고 유비는 더더욱 영웅이었다.[7]

유비는 제갈량과 조조에게 영웅으로 인정받았다. 조조는 심지어 천하의 영웅은 자신과 유비 둘뿐이라고까지 말했다. 조조가 이 말을 했을 때 유비는 마침 그와 식사를 하고 있었는데 너무 놀라 숟가락과 젓가락을 떨어뜨렸다고 한다.[8]

노숙魯肅은 유비를 '천하의 효웅'이라고 불렀다. 사실 후한 말과 위진 사람들의 눈에 효웅과 간웅은 다 영웅이었다. 그들이 신경 썼던 것은 앞의 글자가 아니라 뒤의 대단히 남성적인 글자인 웅이었다.[9]

그렇다. 영웅은 줄여서 웅이라고 불리기도 했다.

어쨌든 누가 영웅이냐는 것에 후한 말과 위진 사람들은 매우 주목했다. 그때는 난세였기 때문이다. 난세는 영웅을 낳고 또 영웅만이 난세에 솜씨를 드러내 웅장한 포부를 펼 수 있었다.

당시 사람들의 주목의 배후에는 사회의 인정과 숭배가 자리했다.[10]

그것은 일종의 새로운 가치 지향이었다.

우리는 양한이 업적을 숭배했고 한나라의 풍운아들도 제각기 그들의 업적과 짝지어진 것을 알고 있다. 장건張騫이 서역과의 통로를 뚫은 것, 위청衛靑이 흉노를 평정한 것, 사마천이 『사기』를 쓴 것, 공손홍公孫弘이 박사博士를 설치한 것 등이 그 예다. 그 업적들이 없었다면 그들

---

7 왕찬王粲, 『영웅기英雄記』(『한말漢末영웅기』라고도 함) 안의 인물로는 동탁, 원소, 여포, 공손찬 등이 있다.

8 제갈량은 손권에게 유세할 때 유비를 가리켜 "영웅이 무武를 쓸 곳이 없습니다"(『삼국지』 「제갈량전」)라고 했고 조조는 "지금 천하의 영웅은 오직 그대와 나 조조뿐이오"(『삼국지』 「선주전先主傳」)라고 했다.

9 노숙의 견해는 『삼국지』 「노숙전」 참고.

10 뤄위밍의 『세설신어정독』 참고.

은 가치가 없어지고 세상의 인정도 못 받았을 것이다.

하지만 위진은 일의 성패로 영웅을 논하지 않았다. 영웅의 뜻만 있으면 꿈을 못 이뤄도, 실패를 해도 똑같이 사람들의 존경을 받았다.

조적祖逖과 유곤이 그러했다.

조적과 유곤은 다 서진이 멸망할 즈음에 용감히 일어서서 이민족을 몰아내고 중원을 회복하는 것을 자신들의 사명으로 삼았다. 조적은 심지어 장강을 건너 북쪽으로 가는 배가 중류에 이르렀을 때, 노를 두드리며 호기롭게 맹세했다.

"나 조적은 중원을 수복하지 못하면 도도히 동쪽으로 흐르는 이 강물처럼 다시는 돌아오지 않으리라!"

이것이 바로 '격즙중류擊楫中流'의 고사다.

'문계기무聞鷄起舞'의 고사도 널리 알려져 있다. 어느 날 밤, 24세의 조적이 닭 우는 소리를 듣고서 역시 젊었던 유곤을 깨우며 말했다.

"이것은 하늘이 우리를 격려하는 소리요!"

그래서 그들은 함께 집 밖으로 나가 검무를 추었다.[11]

위의 두 고사는 훗날 중국인들의 자기 계발 교재가 되었는데 조적과 유곤이 어떤 결과를 얻었는지는 아는 사람이 드물다. 사실 그들은 꿈을 실현하지 못했다. 조적은 울화병에 걸려 죽고 유곤은 억울하게 살해당했다. 그래서 거듭 군대를 일으키고도 뜻을 못 이룬 제갈량처럼 사람들에게 쓸쓸한 상념을 불러일으킨다.

---

11 위의 내용은 모두 『진서』「조적전」 참고.

업적보다 인물을 더 중시한 것은 중요한 전환이었다.

이와 동시에 인물에 대한 숭배도 성현에서 영웅으로 옮겨갔다. 성현은 모두 도덕적인 모범인데 영웅은 꼭 그렇지는 않다. 동탁은 말할 것도 없고 조조와 원소도 젊은 시절에는 갖은 못된 짓을 다 했다. 두 사람은 심지어 결혼식에 참석해 고의로 혼란을 일으키고 그 틈을 타 남의 집 신부를 훔치기도 했다. 그러나 이런 이야기는 사람들에게 재미있는 이야깃거리가 됐을 뿐, 그들이 영웅이 아님을 입증하는 증거가 되지는 못했다.[12]

실제로 위진시대 영웅의 개념은 도덕과 무관했다. 유곤은 원래 풍류재자에 호화롭고 음탕한 생활을 좋아했고 조적의 행동거지는 거의 강도나 다름없었다. 하지만 이런 점은 그들이 나라를 사랑하고, 임금에게 충성을 바치고, 공과 업적을 세우는 데는 전혀 방해가 되지 않았다. 마찬가지로 그들은 천하의 대란을 자신들이 이름을 날릴 수 있는 절호의 기회로 보았다. 따라서 그들이 한밤중에 닭 울음소리를 듣고 놀라며 기뻐한 것도 이상한 일은 아니다. 비록 그 기쁨이 남의 불행을 보고 좋아하는 것과 크게 다를 바가 없기는 했지만 말이다.[13]

'위진풍도'는 아마 도덕적 평판의 쇠퇴와 개인적 가치의 발현이었다.

사람들의 눈길을 끄는 가치가 전도되어버렸다. 전에는 업적, 지조, 학문이었지만 이제는 기질, 재능, 풍채로 바뀌었다. 혹은 외적 권위를 의심하고 부정한 결과로 내적 인격의 각성과 추구가 생겨났다고도 볼

---

12 『세설신어』「가휼假譎」참고.
13 『진서』「조적전」의 사신논찬史臣論贊과 뤄위밍의 『세설신어정독』참고.

수 있다.[14]

그래서 영웅은 동시에 간적일 수 있었다.

왕돈이 그러했다.

---

14 리쩌허우의 『미의 역정』 참고.

반신 왕돈

왕돈은 결국 지위도 명예도 송두리째 잃었다.

사촌 동생 왕도와 마찬가지로 왕돈도 동진 왕조의 실질적인 창업자이자 수호자였다. 그때를 돌아보면 사마예가 처음 건강에 와서 아무 권위도 없었을 때, 왕도는 그로 하여금 음력 3월 3일 상사절上巳節(원래 황제黃帝의 탄생을 기념하는 명절로, 음력 3월 3일에 봄놀이를 나가는 풍습이 있다)에 가마를 타고 출행을 하게 하고서 자신과 왕돈 등 문무백관은 큰 말을 탄 채 앞뒤로 수행을 했다. 이로써 그간 관망만 하던 강동의 대가문들을 단번에 제압하여, 사마예는 훗날 칭제를 하기 위한 사회적 기초를 확보했다.[15]

그 후, 왕도가 안에서 조정을 책임지고 왕돈은 밖에서 병권을 장악하여 행정권과 군사권이 다 왕씨 가문의 수중에 들어갔다. 진 원제 사마예는 단지 명의상의 국가 원수일 뿐이었다. 그래서 당시 사람들

063

---

15 『진서』 「왕도전」 참고.

은 이를 가리켜 "왕씨와 사마씨가 천하를 공유한다"고 했다.

이것이 바로 왕도가 창안한 군신공치君臣共治의 모델이다.

그러나 안타깝게도 그런 정치 구도에 만족한 사람은 왕도뿐이었다. 왕돈과 사마예는 다 불만이었다. 왕돈은 포악하고 오만불손하며 제멋대로인 인물이었고 사마예는 헤게모니를 얻기 위해 다른 사람의 힘을 빌려 왕씨 가문을 탄압하고자 했다. 결국 강력한 군대로 형주를 지키고 있던 왕돈은 모반할 생각이 없었는데도 모반을 해야만 했다.

그래서 사마예가 칭제를 하고 4년 뒤, 왕돈이 무창武昌(지금의 후베이 성 어저우鄂州)에서 반기를 들고 곧장 건강으로 쳐들어갔다. 사마예가 중용한 이들은 죽거나 항복하거나 도망쳐서 조정이 완전히 왕돈의 수중에 떨어졌다. 자신의 제위조차 거의 보전하기 어려워진 사마예는 결국 화병으로 죽고 말았다.

정사 기록에 따르면 사마예는 형편없이 패한 뒤, 감히 군신의 대의 같은 것으로 왕돈을 꾸짖지도 못하고 그저 전투복을 벗으면서 이렇게 중얼거렸다.

"자리를 원하면 내가 낭야로 돌아가면 그만인데 굳이 백성을 괴롭힐 필요가 있었소?"

이 말을 통해 동진 황제의 무기력함을 엿볼 수 있다.

사마예가 죽고 그 뒤를 이은 사람은 진 명제 사마소司馬紹였다. 명제와 왕돈은 서로 공격할 기회를 노리며 어떻게든 상대를 사지로 몰아

넣으려 했다. 그러나 왕돈의 난은 결국 왕돈의 갑작스러운 병사로 끝이 났다. 그의 세력은 동진 왕조의 정부군에게 토벌되었고 그의 시체도 파내어져 잘린 머리가 부교 위에 걸린 채 조리돌림을 당했다.[16]

왕돈의 말로는 이토록 비참했다. 유가 윤리에 따르면 그는 영락없는 난신적자였으므로 그렇게 된 것이 당연하다고도 할 수 있다. 하지만 왕돈은 적어도 위진시대에는 사람들에게 진심 어린 존경을 받았다.

왕돈이 죽고 23년 뒤, 정서征西대장군 환온이 성도를 함락해 오호십육국 중 하나인 성한을 멸했다. 이 승리자는 성한의 궁중에서 큰 잔치를 열고 손님들을 초대했는데 그곳 촉 지방의 유지들도 전부 모였다. 원래 성격이 호탕한 환온은 그때 한층 더 영웅다운 풍채와 언변으로 좌중을 놀라게 했고 그 자리에 있던 손님들은 돌아간 뒤에도 한참을 그 여운에서 깨어나지 못했다.

그들은 입을 모아 말했다.

"환 대장군은 실로 당대의 영웅이다!"

하지만 과거에 왕돈의 부하였던 사람은 생각이 달랐다.

"그건 당신들이 왕 대장군을 본 적이 없기 때문이오!"[17]

사실 환온도 왕돈을 존경했다. 자기가 왕돈보다 못하다고 생각하지는 않았지만 언젠가 왕돈의 묘 앞을 지나갈 때 존경심 가득한 목소리로 "가아可兒여! 가아여!" 하고 외쳤다.

065 가아는 바로 마음에 꼭 드는 사람을 뜻한다.

---

16 『진서』 「왕돈전」 참고.
17 『세설신어』 「호상豪爽」 참고.

이것을 '역적'에 대한 평가라고 상상하기는 어렵다. 그리고 이 평가는 왕돈이 살아 있을 때 이미 널리 알려진 것이었다고 한다.[18] 그러면 왕돈은 도대체 어떤 인물이었을까?

대장부였다.

훗날 동진의 군사 대권을 장악한 왕돈은 사촌 동생 왕도보다 더 일찍 세상에 진출한 것으로 보인다. 그는 일찌감치 서진의 수도 낙양에 가서 진 무제 사마염의 사위가 되었다. 팔왕의 난이 일어났을 때는 가산을 털어 공주의 시녀들을 장수들에게 짝지어줘 추앙을 받기도 했다. 왕도가 사마예의 칭제를 추진하면서 왕돈을 끌어들인 것은 그만한 이유가 있었던 것이다.[19]

그러나 명문 사족 출신의 왕돈이 수도 낙양에서 시골뜨기 취급을 받았으리라고는 아무도 상상하지 못했을 것이다. 이는 모두 그가 낙양 말을 못하고, 명문가의 규칙도 잘 모르고, 거문고와 바둑과 서화에는 더더욱 취미가 없었기 때문이다. 그는 심지어 툭하면 우스갯소리를 하곤 했는데, 그중 하나는 공주의 처소에서 변소에 갔다가 코에 쑤셔 넣는 용도의 말린 대추와 세수용 조두澡豆(팥이나 녹두를 갈아 만든 가루비누)를 먹고 공주의 시녀들에게 웃음거리가 된 것이었다.[20]

왕돈은 이에 신경을 안 쓰는 듯하면서도 내심 신경을 썼다.

한번은 진 무제가 명사들과 모여 음악에 관해 토론하는데 왕돈이 옆에 앉아 한마디도 못 끼어들다가 갑자기 자기가 북을 쳐보겠다고

18 『세설신어』「상예賞譽」와 유효표주의 손작孫綽, 「여유량서與庚亮書」 인용문 참고.
19 『진서』「왕돈전」 참고.
20 『세설신어』「비루紕漏」 참고.

나섰다. 진 무제는 그의 얼굴 표정이 안 좋은 것을 보고서 즉시 북과 북채를 그에게 대령하라고 명했다.

왕돈이 휙 소매를 떨치고 일어섰다.

그의 북 연주는 놀랄 만큼 뛰어났다. 빠르면서도 조화로운 음절, 높고 호방한 기세 그리고 방약무인의 표정까지 모두가 감탄해 마지않았다. 시골뜨기가 그간에 당한 억울함도 그 북 연주로 말끔히 해소되었다.

청중이 내린 평가는 딱 두 글자, '호쾌豪快'였다.[21]

호쾌함은 곧 대범함을 뜻한다.

왕돈은 확실히 대범했다. 그런 호쾌한 기상이 있었기에 그는 시골뜨기 취급을 받으면서도 아무 스스럼없이 명문가를 드나들었다. 당시 낙양의 최고 부호는 석숭石崇이었는데 석숭의 저택 변소에는 늘 십여 명의 시녀들이 서서 변소에 오는 손님들이 옷을 갈아입도록 시중을 들었다. 그런데 다른 손님들은 보통 부끄러워서 어쩔 줄을 몰랐는데 오직 왕돈만 아무렇지도 않게 오만한 표정으로 옷을 갈아입었다.

그래서 시녀들은 서로 귀엣말을 나누었다.

"저분은 틀림없이 반란도 일으킬 수 있는 사람이야."[22]

시녀들의 직감은 정확했다. 사실 석숭의 그런 겉치레는 사람들을 불편하게 하면서도 내심 두려움에 떨게 했다. 하지만 그런 과시도 왕돈의 태연함 앞에서는 아무 효과가 없었다. 그것은 황제의 연회에서

067

---

21 『진서』「왕돈전」과 『세설신어』「호상」 참고.
22 『진서』「왕돈전」과 『세설신어』「태치汰侈」 참고.

북을 친 것보다 더 놀라웠다. 가진 재주를 발휘하는 것보다 흔들리지 않는 침착함을 보이는 것이 훨씬 더 어려운 일이기 때문이다.

부나 자랑하는 벼락부자는 역시 반란도 일으킬 만한 영웅에게는 상대가 되지 못했다.

앞의 두 일화는 서진시대, 다시 말해 왕돈이 막 세상에 나왔을 때 벌어졌다. 아마도 바로 그때부터 그는 '가아'라는 호칭을 얻었을 것이다. 또한 왕돈은 자기 자신에 대해 '고랑소솔高朗疏率', 즉 고상하고 쾌활하며 호방하고 솔직하다고 했다. 스스로를 지극히 높게 평가한 것이다.[23]

하지만 왕돈의 진정한 매력은 따로 있었다. 그는 세상 모든 것을 우습게 여기고 어떤 것에도 연연해하지 않았다. 예를 들어 어떤 사람이 그에게 성생활이 지나치게 잦다고, 건강을 해치지 않을까 염려된다고 충고한 적이 있었다. 이에 그는 이렇게 답했다.

"그렇단 말이지? 별로 어려운 일도 아니군."

그는 뒷문을 열어 여자들을 죄다 내보내고 어디로 가는지 상관하지 않았다.[24]

이런 점은 사실 독하다고도 말할 수 있다.

그는 자신에게도 가차 없고 남에게도 동정심이 없었다. 한번은 낙양의 거부 왕개王愷(석숭이라는 견해도 있다)가 왕돈, 왕도 형제를 연회에 초대해 특별히 미녀를 시켜 술을 따르게 했다. 그리고 손님이 한입에 **068**

---

23 『세설신어』「호상」 참고.
24 『진서』「왕돈전」과 『세설신어』「호상」 참고.

술잔을 비우지 않으면 술을 따른 미녀를 죽여버렸다. 그래서 왕도는 술기운을 이기지 못하면서도 매번 억지로 잔을 비웠는데 왕돈은 세 명을 연달아 죽게 하고도 태연하게 계속 술을 입에 대지 않았다.

왕도는 더 봐줄 수가 없어 왕돈을 꾸짖었다. 그러나 왕돈은 전혀 개의치 않았다.

"그가 자기 집 사람을 죽이는데 네가 무슨 상관이냐!"[25]

이런 사람이었으니 당연히 반란을 일으킬 만했고 정권을 찬탈하는 대도大盜가 되기에도 충분했다.

실제로 왕돈의 가장 큰 꿈은 천하에 군림하는 것이었고 가장 큰 한은 칭제를 못한 것이었다. 그래서 임종을 앞두고 자신의 후계자에게 이런 당부를 남겼다.

"내가 죽은 뒤에 너는 우선 즉위를 하고 조정과 백관을 세우고서 내 장례를 치르거라."

애석하게도 왕돈의 그 후계자는 무능한 데다 주관도 없었다. 그는 모사의 건의에 따라 왕돈의 시신을 돗자리에 싸고 밀랍을 발라 회의실 안에 묻어두고서 밤낮으로 향응을 즐겼다. 그렇게 하면 병사들의 마음이 안정되고 자기는 전방에서 좋은 소식이 오기만 기다리면 될 줄 알았다. 하지만 정작 전해진 것은 전군이 몰살당했다는 소식이었다. 후계자와 그의 생부는 장강에 수몰되었으며 왕돈은 부관참시를 당해 하마터면 묻힐 자리도 얻지 못할 뻔했다.[26]

069

---

25 『진서』 「왕돈전」과 『세설신어』 「태치」 참고.
26 『진서』 「왕돈전」 참고.

일대의 영웅 혹은 효웅 혹은 간웅은 이런 최후를 맞고 말았다.

아마도 왕돈은 이런 결말을 예상하지 못했을 것이다.

사실 왕돈의 이상은 최소한 조조가 되는 것이었다. 동진의 대장군이 되었을 때 그가 가장 좋아한 시는 바로 조조의 「귀수수龜雖壽」였다. 이 시에는 "늙은 천리마는 마구간에 엎드려 있어도 그 뜻은 천리 먼 곳에 있고, 열사는 늘그막에도 장대한 뜻이 쇠하지 않네老驥伏櫪, 志在千里, 烈士暮年, 壯心不已"라는 구절이 있다. 이 시를 읊을 때마다 그는 옥 노리개로 옥 타구를 두드려서 타구 입구가 다 망가질 정도였다고 한다.[27]

왕돈이 예상치 못한 일을 왕도라고 예상하지는 못했을 것이다. 왕도는 아마 주공이나 제갈량이 되고 싶었을 것이다. 비록 그들에 비해서는 포부가 훨씬 작기는 했지만. 이런 사람은 당연히 반역의 마음을 품는 것이 불가능했다. 그런데 왕돈이 경천동지할 대사건을 일으켰으니 어쨌든 왕도와 왕돈의 관계는 정상적일 수가 없었다.

그러면 그때 왕도는 어디에 있었을까?

27 『진서』「왕돈전」과 『세설신어』「호상」 참고.

정객 왕도

왕도는 가문의 젊은이들을 데리고 궁문 밖에서 죄를 기다리고 있었다.

그때는 영창永昌 원년(322) 정월이었다. 왕돈이 간신 토벌을 명분으로 무창에서 반란을 일으켜, 진 원제 사마예가 친히 왕돈을 토벌하겠다는 조칙을 내린 상태였다. 이처럼 양쪽의 전쟁이 일촉즉발일 때, 어느 쪽에도 끼지 못한 왕도는 처벌을 기다리는 것 말고는 다른 선택의 여지가 없었다.

많은 사람이 그가 어떻게 될지 몰라 손에 땀을 쥐었다.

그래도 사마예는 옳은 결정을 했다. 왕도를 접견하고 그에게 조복朝服(신하가 조정에 나아가 의식을 행할 때 입는 예복)을 입혀주었다. 왕도는 황송하기 그지없어 무릎을 꿇고 절을 하며 사죄를 했다.

"어느 왕조에나 난신적자는 있었지만 설마 신의 가문에서 나올 줄은 몰랐습니다."

원제는 최고의 예우로 왕도에게 답했다. 맨발로 옥좌에서 내려와 왕도의 손을 붙잡고 그의 자를 불러주었다.

"무홍茂弘, 그게 무슨 말인가. 짐은 여전히 이 천리강산을 자네에게 맡기려 하네!"[28]

왕도는 난관을 통과했다.

이때부터 그는 동진 조정의 오뚝이가 되었다. 원제가 붕어한 후, 명제와 성제成帝를 연속해서 보좌함으로써 명실상부한 삼대의 원로대신이 되었다.

그렇게 되기까지는 무엇보다도 정치적 원인이 작용했다. 양진은 원래 사족지주계급의 정권이었으며 동진은 더더욱 권문세가에 의지했다. 왕도가 대표하는 낭야 왕씨 가문도 당연히 우습게 볼 수 없었다. 하지만 왕도가 그 오랜 세월을 끄덕 없이 버틸 수 있었던 것은 뛰어난 처세술 덕분이었다.

왕돈이 제멋대로였던 것과는 정반대로 왕도는 붙임성이 좋고 주도면밀한 성격이었다. 한번은 수백 명의 손님을 동시에 접대하던 그에게, 임해臨海에서 온 사람과 이민족 몇 명이 상대해주는 사람 없이 외따로 떨어져 있는 광경이 눈에 띄었다. 그는 얼른 그 임해 사람에게 다가가 말했다.

"귀하가 외지로 나오는 바람에 지금 임해에는 인물이 없겠군요."

그 사람은 무척 기뻐했다.

072

28 『진서』 「왕도전」 참고.

왕도는 다시 이민족 사람들에게 가서 그들이 믿는 불교의 예의에 따라 손가락을 튕기며 인사했다.

"난사蘭闍!(산스크리트어 음역으로 청정하여 번뇌가 없음을 뜻함) 난사!"

이민족 사람들은 다 웃음을 터뜨렸다.

결국 좌중이 다 기뻐했다.

나중에 심지어 어떤 사람은, 누구든 왕도와 사귀면 설사 처음 만나는 사이여도 오랜 친구처럼 느낄 것이라고 말했다.[29]

이 처세술의 대가는 당연히 갈등 중재의 고수이기도 했다. 왕돈이 두 번째 난을 일으켰을 때, 명제는 주작문 바깥의 부교를 철거하라고 명했다. 그런데 이 일을 맡은 단양윤丹陽尹 온교溫嶠가 일을 안 했을 뿐만 아니라 조정에 와서도 사죄를 하기는커녕 술과 고기를 요구했다. 명제의 용안에 노기가 서리면서 조정의 분위기가 얼어붙었다. 모두가 전전긍긍하며 감히 한마디도 하지 못했다.

이 사태를 수습한 사람 역시 왕도였다.

마지막으로 조정에 입장한 왕도는 분위기가 심상치 않음을 눈치채고 바로 문제가 무엇인지 파악했다. 그러고서 즉시 맨발로 바닥에 내려와 죄를 청했다.

"천자의 위엄이 벼락과도 같아 온교가 미처 사죄할 기회를 얻지 못했습니다."

073　　이 말은 온교와 명제에게 모두 한 발자국 물러설 수 있는 여지를

---

29 『세설신어』 「정사政事」와 유효표주의 『진양추晉陽秋』 인용문 참고.

주었다. 온교는 즉시 사죄의 절을 했고 명제의 얼굴도 밝게 폈다. 상황을 이렇게 금세 호전시키는 것은 오직 왕도만 할 수 있는 일이었다.[30]

실제로 왕도가 갈등의 중재에 능했던 것도 동진의 황제들이 그에게 의지하지 않을 수 없었던 이유 중 하나였다. 왜냐하면 그들의 반쪽짜리 제국에는 갈등이 산더미같이 쌓여 있었기 때문이다. 권신과 권신, 사족과 사족의 다툼으로 하루도 평안한 날이 없었다. 그래서 왕도 같은 중재자가 조정해주지 않으면 그들의 제위는 매우 위태로웠다.

왕도도 자신의 역할을 잘 알고 늘 정권의 안정을 일순위로 생각했다. 승상직과 양주揚州자사를 겸임하던 시절에 그는 각 군에 사람을 보내 시찰하게 했다. 그 안찰관按擦官들은 건강에 돌아온 후, 단체로 왕도에게 각 군수의 우열과 장단점을 보고했다. 그런데 이상하게도 고화顧和만 한마디도 하지 않았다.

고화는 고영의 집안 조카뻘이어서 왕도는 당연히 그의 의견을 중시했다.

왕도가 물었다.

"자네는 어떤 얘기를 들었는가?"

고화가 말했다.

"명공明公은 재상의 신분으로 도량을 크게 가지셔야지, 어떻게 뜬소문 같은 것을 모으고 그것에 의지해 밝은 정치를 펴려 하십니까?"

---

30 『세설신어』「첩오捷悟」참고.

이 말을 듣고 왕도는 크게 깨달았다. 알고 보니 그것이야말로 강동 지역 권문세가들의 속내이자 정치적 요구였던 것이다. 외래 정권으로서 강동 현지의 일에 대해서는 알아도 모르는 척 넘어가주는 것이 가장 좋은 방법임을 그는 깨달았다. 그래서 그는 고화를 연방 칭찬하여, 열심히 일하고 온 다른 관리들을 허무하게 만들었다.[31]

그 후로 왕도가 받든 원칙은 쓸데없이 많은 일을 벌이기보다는 차라리 일을 줄이는 것이었다. 심지어 만년에는 아예 아무것도 간섭하지 않고 오로지 도장만 찍었다. 그러면서 그는 이렇게 탄식했다.

"다들 내가 멍청하다고 말하지만 언젠가 이 멍청한 사람이 그리울 날이 올 것이다."[32]

이 사람은 정치가가 아니라 정객이라고 불러야 할 것이다. 정치가와 정객의 차이점을 따져보면, 전자에게는 어느 정도 이상이 있는 반면, 후자에게는 현실밖에 없다. 그렇다면 왕도에게는 이상이 있었을까? 당연히 없었다.

그러나 왕도는 큰일 앞에서 멍청하게 굴지는 않았다.

언젠가 북방 출신의 명사들이 장강 변에서 모임을 가졌다. 당시 바람은 잔잔하고 햇볕은 따뜻한데 강물은 도도히 흘러 천지 사이에 시적 정취가 가득했다. 이때 좌중의 한 사람이 깊이 탄식했다.

"풍경은 똑같이 아름답지만 단지 황하가 장강으로 바뀌었구려."

075 사람들은 전부 울기 시작했다. 그러나 왕도는 얼굴을 찌푸리고 날

---

31 『세설신어』 「규잠規箴」 참고.
32 『세설신어』 「정사」 참고.

카롭게 따졌다.

"조정의 중원 수복을 위해 모두가 힘을 합쳐야 할 이때, 어찌 죄인 처럼 울먹거리는 거요?"

이 말에 모두가 눈물을 거두고 사죄했다.[33]

이 일화는 왕도의 빛나는 한 장면으로 인용되곤 하지만 역시 현실 적인 계산에서 비롯되었다. 사실 북방 사족들은 막 남하했을 때는 믿음도 신념도 없었다. 이들의 마음을 안정시키고 사기를 높이는 유일한 방법은 정치적 기치를 높이 드는 것밖에 없었다. 그래서 왕도는 "고향으로 돌아가자"는 구호를 외쳐야만 했다. 정말로 중원을 수복할 수 있는지 없는지는 꼭 그가 알고 싶어한 사항이 아니었다.

그는 단지 동진 왕조가 반드시 보전되어야 한다는 것만 알았다.

그래서 사마예가 나라의 근본을 흔들려 할 때 그는 간섭하지 않을 수 없었다.

나라의 근본은 태자이고 당시의 태자는 사마소였다. 그런데 사마예는 정비鄭妃를 총애한 나머지 사마소를 폐하고 정비의 아들인 사마욱司馬昱을 대신 세우려 했다. 그는 심지어 조서까지 다 써놓고 언제 발표해야 할지 고민하고 있었다. 그 일에 찬성하는 사람은 단 한 명밖에 없었기 때문이다.

외로운 황제는 강력한 반대파에 정면으로 맞설 용기가 없었다. 결국 그가 생각해낸 방법은 먼저 왕도 등을 동쪽 배전配殿(궁전에서 본전의

33 『진서』「왕도전」과 『세설신어』「언어」 참고.

좌우에 세워진 전각)에 가서 쉬게 한 뒤, 슬며시 조서를 찬성해줄 사람에게 넘기고 다른 신하들로 하여금 이미 정해진 일처럼 받아들이게 하는 것이었다.

그러나 왕도는 한눈에 사마예의 속셈을 간파했다. 그는 자신을 동쪽 배전으로 데려가던 사람을 밀치고 곧장 황제의 어전으로 가서 공손하면서도 강경한 말투로 물었다.

"폐하는 저희에게 무슨 볼일이 있으신지요?"

사마예는 심리적 방어선이 와르르 무너졌다. 그는 아무 소리도 않고 품에서 태자 교체의 조서를 꺼내 갈기갈기 찢어서 왕도에게 내던졌다.

태자의 인선은 그렇게 마무리되었다.[34]

훗날 사마소가 제위를 이어 진 명제가 되었다.

사마소는 꽤 어렵게 황제가 되었다. 과거에 왕돈도 그를 폐하려고 한 적이 있었다. 그래서 사마소는 왕씨 가문 사람들을 경계했으며 심지어 원망하기도 했다. 왕돈의 그 책동을 막은 사람이 왕도였는데도 그랬다.

이 때문에 왕도와 온교를 접견했을 때 사마소는 온교에게 수상쩍은 질문을 던졌다.

"우리 가문은 어떻게 천하를 얻을 수 있었는가?"

이 예기치 않은 질문에 온교는 그만 어리둥절했다. 그러나 왕도는

---

34 『세설신어』 「방정方正」 참고.

조금도 물러서지 않고 가차 없이 말했다.

"온교는 젊어서 아직 세상물정을 모르니 노신老臣이 폐하께 말씀드리겠습니다."

왕도는 손가락을 꼽아가며 사마의부터 시작해 사마씨 가문이 어떻게 반대파를 배제하고 사당私黨을 조직해 제위를 찬탈했는지 하나부터 열까지 찬찬히 설명했다. 사마소는 온몸에 식은땀이 흐르고 정신이 아득해져 얼굴을 용상에 기댄 채 기어들어가는 목소리로 말했다.

"공이 말한 대로라면 국운이 어찌 오래갈 수 있겠소?"[35]

중재자 왕도에게도 이런 효웅의 면모가 있었다.

왕도의 그 역사 수업은 당연히 자신의 나이를 앞세워 진 명제에게 함부로 굴지 말라고 경고하는 의미가 있었다. 그러나 진 명제가 마지막으로 깨달은 그 문제는 왕도 역시 미처 생각하지 못했을 것이다. 그렇다. 태생적으로 부족하고 내력도 불분명하며 또 천하의 한구석에 치우쳐 자리 잡은 동진 왕조의 국운은 얼마나 오래갈 수 있을까?[36]

안타깝게도 그것은 하늘만 알고 있었다. 동진 왕조의 권신들과 원훈들 중에 그것을 알아맞힐 만한 지혜를 가진 자는 거의 없었기 때문이다.

환온을 예로 들어보자.

---

35 『세설신어』「우회尤悔」참고.
36 뤄위밍의 『세설신어정독』참고.

효웅 환온

어쨌든 환온은 반드시 이야기할 가치가 있는 인물이다. 이는 그의 권세와 업적 때문이기도 하지만 더 중요한 것은 세상을 놀라게 한 그의 명언, "꽃다운 이름을 백대에 전할 수는 없더라도 추악한 이름을 만년 동안 남길 수는 있지 않은가?" 때문이다.[37]

이 사람은 과연 어떤 인물이었을까?

환온은 양진의 명신 환이桓彝의 아들로서 태어난 지 1년도 안 돼 비범한 아이로 온교의 눈에 들어, 온교의 성을 따서 이름을 온이라 지었다고 한다. 그리고 훗날 유량의 동생인 유익庾翼의 추천으로 진 명제의 사위가 되어 승승장구했으니 그야말로 왕돈의 복사판이었다.

그러나 환온은 사람들이 자신을 왕돈과 비교하는 것을 싫어했다. 그가 더 좋아했던 인물은 유곤이었다. 북쪽으로 전진을 토벌하러 나섰을 때, 환온은 우연히 과거 유곤의 저택에 있었던 무희를 만났다.

---

37 『진서』「환온전」과 『세설신어』「우회」 참고.

그 나이 든 여인은 환온을 보자마자 눈가에 이슬이 맺혔다. 환온이 왜 그러느냐고 묻자 그녀는 말했다.

"장군을 뵈니 유 사공司空(유곤)을 뵌 것 같습니다."

환온은 대단히 기뻐서 의관을 단정히 하고 그녀에게 다시 자신을 보게 했다. 이번에 그녀는 차이점을 깨닫고 다시 입을 열었다.

"얼굴 피부는 비슷한데 안타깝게도 조금 얇고 눈도 비슷한데 안타깝게도 조금 작으며 수염도 비슷한데 안타깝게도 조금 붉습니다. 또 체격도 비슷한데 안타깝게도 조금 작으며 목소리도 비슷한데 안타깝게도 조금 여성스럽습니다."

이 말을 듣고 환온은 꽤 여러 날 우울해했다고 한다.[38]

이 일화는 정사에 나오기는 하지만 사실 신빙성이 부족하다. 환온의 용모는 수염이 고슴도치 털 같고 눈썹 뼈는 자수정의 모서리처럼 각이 져서 손권과 사마의의 부류에 속했다고 전해지기 때문이다. 이런 사람이 어떻게 여성적일 수 있단 말인가?

그러면 환온의 이런 외양 묘사는 믿을 만한 것일까?

믿을 만하다. 왜냐하면 이 묘사를 한 사람은 유담劉惔이기 때문이다.[39]

유담도 진 명제의 사위였고 또 환온의 좋은 친구였기 때문에 그의 묘사가 틀렸을 리는 없다. 더욱이 유담은 현학가이고 기본적으로 한량이었지만 사람 보는 눈이 정확하고 문제에 대한 분석도 철저했다.

---

38 『진서』「환온전」참고.
39 『진서』「환온전」과 『세설신어』「용지」참고.

환온이 서쪽으로 성한을 토벌하러 나설 때, 조정의 모든 대신이 비관적이었지만 유담만은 필승을 확신했다. 그가 든 이유는 다음과 같았다.

"이 사람은 여태껏 자신 없는 일은 벌인 적이 없습니다. 놀이를 할 때조차 그랬습니다."[40]

그것은 진 목제穆帝 시기의 일이었다. 당시 동진 왕조는 이미 왕도의 시대와는 전혀 달랐다. 진 명제 사마소가 죽은 뒤, 진 성제 사마연司馬衍이 다섯 살의 나이로 그 뒤를 이었고 조정의 실권은 유庾 태후의 오빠 유량의 수중에 들어갔다. 유량은 중앙집권체제를 강화하려 했기 때문에 지방세력과의 갈등이 심했다. 그 결과, 소준의 난을 초래하여 동진 왕조는 하마터면 회복할 수 없는 지경에 이를 뻔했다.

더 골치 아팠던 일은, 소준의 난이 평정된 후에 유량이 중앙세력에서 지방세력으로 변신한 것이었다. 유량과 그의 동생 유익이 차례로 11년간 형주자사를 맡았는데 이는 그들이 동진의 절반에 달하는 영토를 점유한 것이나 다름없었다. 그래서 유익이 죽은 뒤, 누가 그 자리를 이어받느냐가 생사존망의 절박한 문제로 대두되었다.

겨우 세 살이었던 진 목제는 당연히 해답을 제시하지 못했다. 집권 중이었던 회계왕會稽王 사마욱 역시 원래 현학가였던 데다 그 문제 자체가 지극히 풀기 힘든 난제였다. 형주는 북쪽과 서쪽 모두 강력한 이민족의 영토와 접해 있어서 충성스럽기만 하고 능력이 떨어지는 인

---

40 『세설신어』「식감」 참고.

물을 자사로 보낸다면 그 야만족을 당해낼 수 없었다. 하지만 그렇다고 유씨 가문의 인물에게 또 형주를 넘기는 것도 마음이 안 놓이기는 마찬가지였다.

마지막으로 조정은 환온을 택했다.[41]

그러나 유담은 이런 말을 남겼다.

"환온이 있으니 형주는 적의 손에 넘어가지 않을 겁니다. 하지만 환온에게 형주가 생겼으니 아무도 그를 제어하지 못할 겁니다."[42]

결국 불행히도 그 말이 맞았다.

실제로 환온의 야심은 형주자사를 맡은 뒤부터 팽창하기 시작했다. 다만 그 야심은 웅심雄心이라고 말할 수도 있었다. 왜냐하면 환온의 창끝은 왕돈처럼 건강을 겨눈 것이 아니라 이민족을 겨눴기 때문이다. 성한을 멸한 뒤, 그는 또 전한을 치고, 요양姚襄을 패배시키고, 전연을 토벌함으로써 마침내 장안에 이르고 낙양에도 입성하여 동진 역사상 최대의 승리를 거뒀다.

이에 대해 조정은 한편으로는 기뻐하면서도 한편으로는 우려를 금치 못했다.

실제로 성한이 망하자마자 조정은 경계심을 품기 시작했다. 환온의 군사 작전은 번번이 비준을 못 받았고 무능한 자들이 연이어 기용됐다. 결국 그자들이 무참히 패전함으로써 중원 수복의 대업은 그만 절호의 기회를 상실하고 말았다.

---

41 유익의 바람은 자신의 아들이 자리를 이어받는 것이었지만 가충이 이를 부결시키고 환온을 보내자고 제의했다.

42 『세설신어』「식감」 참고.

그 후로 환온이 수행한 북벌은 사실 고군분투나 다름없었다.

당시 환온의 심정을 생각하면 틀림없이 비분이 가득했을 것이다. 낙양에 입성할 때, 그는 선루船樓 위에 서서 감개무량한 어조로 말했다.

"중원이 함락되고 강산을 잃었는데 누가 이 책임을 져야 하는가!"[43]

그것은 속에 뼈가 있는 말이었다.

하지만 동진의 조정은 설사 중원을 수복하지 못할지언정 환온의 성공을 원치 않았다. 이로 인해 환온은 성공의 문턱에서 좌절할 수밖에 없었다. 전연을 토벌할 때 환온의 부대는 파죽지세로 방두枋頭(지금의 허난성 쉰浚현)까지 쳐들어갔지만 결국 패배하여 후퇴했다. 하마터면 전군이 몰살당할 뻔했다.

방두에서의 패배로 환온은 급격히 기세가 꺾였다. 예순이라는 나이는 더욱 그에게 한계를 느끼게 했다. 추악한 이름이 만년 동안 남더라도 기어이 성공하려 했던 환온은 끝내 가슴 가득한 울분을 황제에게 풀어 천하를 뒤흔들기로 마음먹었다.

그렇다. 환온은 황제를 갈아치우려 했다.

당시의 황제는 사마혁司馬奕이었다. 이 사람은 즉위 후 10년 동안 말과 행동을 조심해서 큰 과오가 없었으므로 어쩔 수 없이 사생활로 꼬투리를 잡을 수밖에 없었다. 환온은 사마혁이 성 불능이고 그의 세 아들은 전부 남의 자식이라고 고발했다. 친자 감정이 불가능했던 황제는 입이 백 개라도 해명할 방법이 없었다. 결국 태후의 명의로 자신

083

---

43 『진서』「환온전」과 『세설신어』「경저輕詆」 참고.

을 폐해야만 했다.[44]

새로운 황제는 회계왕 사마욱이었다. 그가 바로 간문제簡文帝다.

간문제는 과거에 사마예에 의해 태자가 될 뻔한 바로 그 사람이었다. 그는 현학가로서 학식이 깊고 도량도 남달라서 평판이 매우 좋았다. 환온도 매번 "조정에 이런 인물이 있었다니!"[45] 하고 감탄할 정도였다.

그러나 환온이 황제를 갈아치운 것은 철학 토론을 하기 위해서가 아니었으므로 간문제는 정신을 바짝 차리고 그를 상대해야 했다. 다행히 환온은 횡포하기는 했지만 그래도 교양이 있고 예절을 지키는 편이어서 간문제도 어느 정도는 황제의 존엄을 지킬 수 있었다.

사실 환온은 간문제를 조금 어려워했다. 어쨌든 간문제는 개국황제 사마예의 아들이었고 목제, 애제哀帝, 폐제廢帝 삼대를 거치며 천자를 보좌한 데다 원래 두 사람의 관계도 나쁘지 않았기 때문이다. 한번은 아직 무군撫軍장군이었던 간문제가 환온과 함께 조정으로 가는데 웬일인지 굳이 환온을 자기 앞에서 걷게 했다. 이에 환온은 어쩔 수 없다는 듯이 말했다.

"백伯이 창을 잡고 왕 앞에서 말을 몰아야겠죠伯也執殳, 爲王前驅."

그러자 간문제는 이렇게 답했다.

"대소 관원 가리지 않고 공을 쫓아 나아갈 겁니다無小無大, 從公于邁."[46]

위의 두 마디 말은 모두 『시경』에서 나왔다. 환온은 간문제보다 나

084

---

44 『자치통감』 제103권 참고.
45 『세설신어』「아량雅量」 참고.
46 『세설신어』「언어」 참고.

이가 조금 많아서 스스로 '백'(형)이라고 칭했지만 자신은 왕 앞을 이
끄는 병졸일 뿐이라고 말했다. 이에 대해 간문제는 관직이 높은 사람
이든 낮은 사람이든 모두가 환온을 추종할 것이라고 암시했다.

당시 두 사람은 틀림없이 회심의 미소를 지었을 것으로 짐작된다.

아쉽게도 이런 좋은 시절은 다시 올 리 없었다. 다만 아무리 마음
속에 팽팽한 긴장감이 가득해도 온화하고 우아한 말로 표현해야 했
다. 그렇게 하지 않으면 위진풍도가 아니었다. 그래서 황제를 갈아치
우려 할 때, 평소에 언변이 뛰어나지 않은 환온은 열심히 수백 자의
발언 원고를 마련한 뒤에야 간문제를 만나러 갔다.

하지만 간문제는 그의 설명은 안 듣고 무작정 눈물만 흘렸다.

환온도 뜻밖에 마음이 착잡해져 한마디도 하지 못했다.[47]

하지만 효웅은 남의 눈물 때문에 행동을 멈추지는 않는다. 예컨대
반대파를 배제하고 군권을 탈취하기 위해 환온은 태재太宰를 맡고 있
던 무릉왕武陵王 사마희司馬晞를 폐하고 나중에는 또 그들 일가를 다 죽
이려고 했다. 간문제는 앞의 요구는 허락했지만 살인만은 극구 피하
려 했다. 그의 회답은 이랬다.

"짐은 이 글조차 차마 못 보겠는데 어찌 또 행동으로 옮길 수 있겠
소?"

환온은 다시 상소를 올려 계획을 관철하려 했고 간문제도 다시 회
답을 주었다.

---

47 『진서』「간문제기」와 『세설신어』「우회」 참고.

"그대가 진의 국운이 아직 오래 남았다고 생각한다면 부디 원래의 조칙을 집행해주시오. 그렇지 않고 운이 이미 다했다고 생각한다면 짐은 퇴위하고 현자에게 자리를 물려주겠소."

환온은 그 회답을 읽고 식은땀으로 등이 흠뻑 젖었다고 한다.[48]

이렇게 양쪽이 옥신각신한 지 일고여덟 달 만에 간문제가 53세의 나이로 붕어했다. 진나라인들은 그를 대단히 높이 평가하여 묘호廟號를 태종으로 정했다.

이듬해에는 환온도 세상을 떠났다. 향년 62세였다. 그는 승상으로 추증되었고 시호는 선무宣武였다. 그러나 그가 오랫동안 바랐던 구석九錫은 그가 죽기 전까지도 주어지지 않았다. 구석은 황제가 권신에게 하사하는 아홉 가지 특전으로서 왕망, 조조, 사마소는 다 구석을 받았지만 환온은 끝내 그 소망을 이루지 못했다.

동진 왕조는 위기에서 안정으로 전환되어 나중에는 새로운 기상까지 나타났다. 비수대전에서 승리한 것은 바로 환온이 죽은 지 10년 뒤의 일이었다. 하지만 그것은 간문제 덕분이 아니라 사안 덕분이었다.

48 『진서』「간문제기」와 『세설신어』「출면黜免」 참고.

재상 사안

사안은 동진의 구세주였다.

환온은 황제를 폐한 후에 역시 과거의 왕돈처럼 자신의 군사 기지로 돌아갔다. 그 효웅들은 절대로 수도에 머무르지 않았다. 간문제를 보좌하고 후사를 처리한 이는 주로 이부상서吏部尚書 사안과 시중侍中 왕탄지王坦之였다. 만약 환온이 쿠데타를 일으키려고 하면 먼저 그 두 사람을 해치워야 했다.

그래서 환온은 연회를 마련하여 여러 조정 신하를 불렀다.

환온은 간문제가 죽고 나서 반년 뒤에 건강에 왔다. 그가 왜 왔는지 아는 사람은 없었다. 단지 그가 원래는 간문제가 죽기 전에 제위를 선양받고자 했고 사안과 왕탄지가 중간에서 훼방을 놓아 그 뜻을 못 이뤘다고 생각한다는 것만 알고 있었다.[49]

그래서 환온이 그 두 사람을 불렀을 때 수도의 민심은 술렁였고 왕

087

---

49 『자치통감』 제103권 참고. 『진서』 「사안전」에서는 환온의 이 행동이 쿠데타를 일으키려던 것이었다고 말한다. 그러나 이는 후대 사람의 추측일 뿐 증거가 없어서 『자치통감』에서는 인정하지 않고 있다.

탄지는 더욱 간담이 서늘해져 어찌할 바를 몰랐다. 그러나 사안은 태연자약하게 그에게 말했다.

"갑시다. 우리 왕조의 생사존망이 이번 일에 달렸습니다!"[50]

환온과 사안은 마침내 얼굴을 마주했다.

사실 환온은 줄곧 사안을 매우 마음에 들어했다. 사안이 세상에 나왔을 때 제일 먼저 맡은 직책은 환온 휘하의 사마司馬(중하급 군관)였다. 환온은 심지어 사안을 이렇게 평가한 적도 있었다.

"안석安石(사안의 자)은 얕보거나 모욕해서는 안 되는 인물이다. 그의 처신의 도는 그 누구도 미치지 못하기 때문이다."[51]

이번에도 사안은 환온을 실망시키지 않았다. 그는 한 걸음 한 걸음 계단을 올라 앞으로 가서 자리에 앉고는 장막 뒤에 숨은 병사들을 침착하게 살폈다. 그러고서 느긋한 어조로 환온에게 물었다.

"이 사안이 듣기로 제후에게 도가 있으면 이웃이 나서서 지켜준다고 하더군요. 그런데 명공은 왜 벽 사이에 저런 자들을 매복시켰습니까?"

환온은 웃고 나서 말했다.

"부득이해서 그랬네."

환온은 바로 병사들을 철수시킨 뒤, 사안과 가슴을 펴고 술을 마시며 고담준론을 나눴다. 그렇게 며칠을 묵은 뒤, 그는 다시 주둔지로 돌아갔다.

---

50 『진서』「사안전」과 『세설신어』「아량」 참고.
51 『세설신어』「품조品藻」 참고.

사안과 동진은 둘 다 액운을 면했다.[52]

훗날 환온이 그렇게 원하던 구석을 못 받은 것도 사안의 잔꾀 때문이었다. 중병에 걸린 환온은 자신에게 구석을 내리라고 조정을 거듭 재촉했다. 조정은 할 수 없이 동의를 표했다. 그런데 문서 담당자가 기초한 조서에 대해 사안이 계속 불만을 표시했다. 결국 고치고 또 고치고 쓰고 또 쓰다가 환온이 죽을 때까지도 조서를 내려보내지 못했다.[53]

왕조를 바꾸려던 환온의 야심은 이렇게 물거품이 되었다.

그러면 사안은 어떤 내력의 소유자였고 또 어떻게 그런 일들을 할 수 있었을까?

남방으로 이주한 사인士人들 중에 사씨 가문은 일류 대가문은 아니었지만 사안의 명성은 꽤 높았다. 그는 네 살 때 환온의 아버지 환이에게 신동으로 지목되었고 나중에는 왕도에게도 인정을 받았다. 단지 그는 정치에 관심이 없었는지 작은 관직을 맡은 뒤, 바로 병을 이유로 사직하고 동산東山에 은거했다. 그곳에서는 왕희지 같은 명사들과 교류했으며 산수를 즐길 때는 반드시 기녀를 대동했다.[54]

이에 대해 아직 재상이었던 간문제가 이런 논평을 한 적이 있다.

"안석이 백성과 즐거움을 함께한다면 반드시 근심도 함께해야 한다. 그는 산에서 안 나오지는 않을 것이다."[55]

간문제의 예상대로 사안은 결국 다시 벼슬길에 올랐고 여기에서

089

52 『진서』 「사안전」, 『세설신어』 「아량」과 유효표주의 송 명제明帝, 『문장지文章志』 인용문 참고.
53 『진서』 「사안전」과 『자치통감』 제103권 참고.
54 『진서』 「사안전」 참고.
55 『진서』 「사안전」과 『세설신어』 「식감」 참고.

'동산재기東山再起'(동산에서 다시 일어난다는 뜻으로 은퇴했거나 실패한 사람이 재기하여 다시 세상에 나오는 것을 가리킨다)라는 고사성어가 생겼다. 하지만 그의 동산재기는 산에서 내려오라는 사회 각계의 요구가 한참 높아진 뒤에 이뤄졌기 때문에 누군가 자못 비웃는 말투로 그에게 물었다.

"노형이 동산에 높이 누워 출사하지 않는 바람에 모두가 '안석이 나오려 하지 않으니 장차 백성은 어찌하나'라고 말했소. 자, 이제 안석이 나왔으니 한마디 묻겠소. 백성은 안석을 갖고 뭘 어떻게 해야 하오?"

사안은 웃기만 하고 대답을 못했다.[56]

그러나 여론은 사안을 놓아주려 하지 않았다. 당시 누가 환온에게 몇 가지 약초를 선물했는데 그중 어떤 약초의 뿌리 이름이 원지遠志이고 잎 이름이 소초小草였다. 환온은 그것을 들고 사안에게 물었다.

"이 약초는 왜 이름이 두 개인가?"

사안은 그저 멍하니 있었다. 그때 좌중의 한 사람이 소리 내어 답했다.

"지하에 있을 때(은거)는 원지, 즉 원대한 뜻이라 불렸는데 밖에 머리를 내밀고 나서는(관직 생활) 소초, 즉 잡풀이라 불립니다."

사안은 무척 낭패스러웠다. 이때 환온이 사안을 보며 웃었다.

"그 해석이 괜찮군. 게다가 아주 재미있네, 재미있어."[57]

확실히 매우 재미있다. 그 안에 시대정신이 깃들어 있기 때문이다.   **090**

---

56 『진서』 「사안전」과 『세설신어』 「배조排調」 참고.
57 『세설신어』 「배조」 참고.

　실제로 위진풍도의 중요한 내용 중 하나는 가장하지 않는 것이었다. 그래서 환온이 차라리 공공연하게 추악한 이름을 만년 동안 남길지언정 헛되이 일생을 보내지는 않겠다고 선언한 것도 진실하고 매력적으로 받아들여졌다. 반면에 사안이 굳이 그렇게 만인의 요구와 재촉 속에 하산한 것은 명예를 노리고 자기 몸값이 오르기를 기다린 것으로 눈총을 받았다.

　그래서 사안의 남다른 도량도 쇼를 하는 것으로 의심받았다.

　서기 383년, 전진의 황제 부견이 대군을 일으켜 압도적인 우세를 보이며 동진을 향해 쳐들어왔다. 사안의 동생 사석과 조카 사현은 비수에서 그들과 한판 승부를 벌였다. 누구나 그것이 동진 왕조의 운명과 미래를 결정지을 전쟁임을 알고 있었다. 그런데 전쟁의 첩보가 전해졌을 때 사안은 바둑을 두고 있었다. 그는 그 첩보를 슬쩍 본 뒤에도 계속 바둑을 두었다.

　손님이 마음을 가라앉히지 못하고 사안에게 무슨 일이냐고 물었다. 사안은 그제야 담담하게 말했다.

　"젊은 애들이 적을 무찔렀나 보네."

　그것은 당연히 비범한 도량이었다. 그러나 정사에서는 따로 기록하길, 손님이 간 뒤에 사안이 미친 듯이 집을 뛰쳐나가느라 신발이 다 망가졌다고 했다.[58]

091　아마도 진실은 뒤의 장면일 것이다.

---

58 『진서』 「사안전」과 『세설신어』 「아량」 참고.

사실 넓은 도량은 결코 사안의 진면모가 아니었다. 젊었을 때 그는 명사 왕몽王蒙을 찾아가 토론한 적이 있었는데 그에 대한 왕몽의 평가는 "기세가 등등하다"였다. 사안이 원래 날뛰는 성격이었음을 보여주는 대목이다. 평정과 탈속은 시늉에 지나지 않았다. 혹은 조금 좋게 말해서 후천적으로 수양을 한 것일 수도 있다.[59]

하지만 그 당시 천하는 정치 지도자로 그와 같은 인물을 필요로 했다. 또한 그와 같은 인물만이 과거의 왕도처럼 위기에 처한 왕조를 다시 안정시킬 수 있었다.

이렇게 보면 왕도와 사안은 정치가로 불릴 만했다.

아니면 적어도 고명한 정객이었다.

확실히 사안과 왕도는 통하는 점이 적지 않았다. 또 그들은 다 "재상은 속으로 배를 조종한다"는 이치를 알고 있었다. 언젠가 사안이 정권을 잡고 있을 때, 수도의 많은 병사와 노비가 압박과 학대를 못 이기고 가까운 남당南塘 일대의 선박까지 도망친 적이 있었다. 그런데 사안은 그들을 죄다 체포하자는 제안을 물리치며 말했다.

"저 사람들도 다 포용하지 못한다면 수도를 수도라고 할 수 있겠는가?"[60]

이 발언만으로도 사안은 진정한 재상이라 불릴 만하다.

이것은 왕도와 사안이 집권할 때 원래 갈등이 극심했던 동진의 정계가 상대적으로 화목했던 원인 중 하나이기도 하다. 실제로 사안은 **092**

59 『진서』「사안전」과 『세설신어』「상예」참고.
60 『세설신어』「정사」참고.

정치가 무엇인지 잘 알았고 처세에도 매우 능했다. 한번은 사씨 가문 사람들이 모임을 가졌는데 마침 하늘에서 큰 눈이 내렸다. 사안은 크게 흥이 나서 사람들에게 물었다.

"백설이 펄펄 내리는 것은 무엇과 비슷한가?"

조카 사랑謝朗이 답했다.

"공중에서 소금을 뿌리는 것과 비슷합니다."

조카딸 사도온謝道韞도 말했다.

"버들개지가 바람에 날린다는 표현이 더 낫습니다."

사안은 껄껄 크게 웃었다.[61]

누가 봐도 사도온의 답이 사랑의 답보다 훨씬 낫다는 것을 알 수 있다. 하지만 사안은 크게 웃기만 하고 평을 달지 않았다. 이로써 조카딸 사도온을 진심으로 칭찬하고 조카 사랑의 체면도 세워준 것이다.

가문은 나라의 근본이다. 가문을 화목하게 꾸리는 사람은 나라도 잘 다스린다.

사실 사안이 재상의 재목으로 널리 인정받은 것은 작은 일화에서도 확인할 수 있다. 동산에서 은거할 때 그는 친구들과 함께 배를 타고 바다에 나갔다가 갑자기 풍랑을 만난 적이 있었다. 선원은 사안의 표정이 여유로운 것을 보고 항해를 계속했는데 풍랑이 갈수록 심해져서 다들 웅성거리며 안절부절못했다. 그때가 되어서야 사안은 침착한 어조로 물었다.

093

---

61 『세설신어』「언어」참고.

"그러면 이제 돌아갈까요?"

모두 입을 모아 말했다.

"돌아갑시다, 돌아가요!"

사안은 그제야 선원에게 뱃머리를 돌리게 했다.

그래서 여론은 이 정도의 도량을 가진 인물이니 조정과 민간을 다 안정시킬 만하다고 생각했다.[62]

조정과 민간을 두루 안정시키는 것, 이것이 바로 대중이 사안에게 기대하는 바였고 동시에 그에 대한 시대적 요구였다. 사안은 그 기대를 저버리지 않았다. 침착하고 냉정하며 심지어 여유를 잃지 않는 정신적 풍모로 동진이라는 거대한 배를 풍랑에서 구해냈다.

확실히 당시의 키워드는 도량이었다. 도량은 위진풍도의 중요한 내용이면서 후한 말엽부터 유행하기 시작한 신조어이기도 했다. 그것은 심지어 고결함보다 더 중요했다. 어떤 사람이 도량이 부족하면 아무리 고결해도 산속의 맑은 샘일 뿐이었다. 반대로 조금 탁해도 도량이 넓으면 웅장한 바다에 비견되었다.[63]

사안도 역시 그랬을 것이다. 혹은 스스로 그럴 수 있기를 바랐을 것이다. 비록 진정으로 당시의 시대정신을 대표하는 인물은 따로 있었을지라도 그는 적어도 정치적 인물들 중에서는 가장 위진풍도를 대표하는 인물이었다.

그러면 다시 한위漢魏시대로 돌아가보기로 하자.

62 『진서』「사안전」과 『세설신어』「아량」 참고.
63 뤄위밍의 『세설신어정독』 참고.

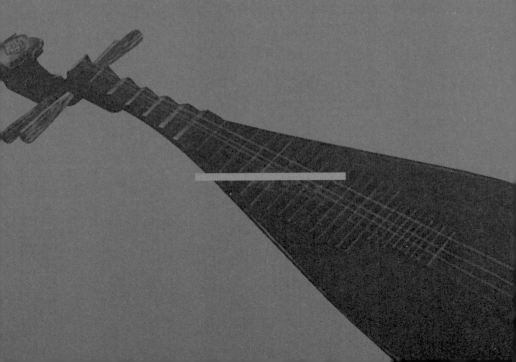

제3장

정신

죽림칠현의 정신적 우두머리이자 위진풍도를 대표하는 인물인 혜강은 자신의 목숨을 대가로
독립적인 인격과 자유의지를 지켰고 그로 인해 영원한 숭배와 존경을 얻었다.

명사의 풍류

제갈량이 1차 북벌에 나선 해에 혜강嵇康은 다섯 살이었다.[1]

혜강은 위진 명사들의 정신적 우두머리였고 동시에 그 시대의 중요한 인물이기도 했다. 혹시 그와 제갈량 사이에 무슨 관계가 있었을까?

물론 없었다. 단지 둘 다 잘생겼을 뿐이었다. 제갈량은 키가 8척(184센티미터)이었고 혜강은 7척 8촌이었다. 또 제갈량은 "용모가 대단히 뛰어났고" 혜강은 "풍채가 수려했다." 당연히 두 사람 다 사람들의 눈길을 끌었을 것이다.[2]

실제로 세상에 나오기 전에 제갈량은 빼어난 외모의 미소년이었다. 밭을 갈기는 했지만 생계를 위한 농사는 아니었고 공부를 하기는 했지만 대강을 이해하는 독서일 뿐이었다. 그가 가장 좋아한 것은 아마 밤새 책을 읽는 것도, 거창한 토론을 벌이는 것도 아니고 새벽과 밤

097

---

1 혜강은 224년에 태어났고 제갈량의 1차 북벌은 228년에 벌어졌다. 중국의 전통적인 계산 방식에 따르면 그해에 혜강은 다섯 살이었다.

2 제갈량의 용모에 관해서는 『삼국지』「제갈량전」에서 진수陳壽의 「진제갈량집표進諸葛亮集表」참고. 혜강의 용모는 『세설신어』「용지」참고.

중에 숲에서 무릎을 껴안고 길게 휘파람을 부는 것이 아니었을까 싶다.[3]

이것은 어떤 풍도일까?

바로 위진풍도다.

위진풍도는 사실상 후한 말엽에 시작되었는데 그 지표 중 하나는 휘파람의 유행이었다. 휘파람은 입술을 오므리고 혀끝으로 바람을 내보내는 행위다. 손가락으로 입술을 붙잡거나 손가락을 입안에 넣으면 소리가 더 크고 날카로워진다.

원칙적으로 휘파람은 특정한 환경과 조건을 필요로 했다. 보통은 깊은 산속이나 무성한 삼림 그리고 높은 곳에서 먼 곳을 바라볼 때 탁 트인 심정으로 휘파람을 불었다. 그런 휘파람은 일종의 자기 도야이자 자기 도취였고 동시에 자기 표현이자 자기 만족이기도 해서 당연히 매우 고상하고 우아한 행위였다.[4]

그래서 휘파람은 위진시대 명사들의 정체성을 나타내는 지표 중 하나였다.

명사들 중 휘파람을 가장 잘 분 사람은 완적阮籍이었다. 그의 휘파람 소리는 수백 걸음 밖까지 들렸다고 한다. 한번은 완적이 소문산蘇門山에서 손등孫登이라는 득도한 고인을 만났다. 하지만 무슨 말을 걸어도 손등은 눈을 감고 무릎을 안은 채 명상만 하고 있어서 완적은 어쩔 수 없이 길게 휘파람을 불고 그 자리를 떠났다. 그런데 산중턱에 **098**

---

3 『삼국지』「제갈량전」 배송지주의 『위략魏略』 인용문 참고.

4 위의 내용은 뤄위밍의 『세설신어정독』과 장완치張萬起, 류상츠劉尙慈의 『세설신어역주』 참고.

이르렀을 때, 멀리서 우렁찬 휘파람 소리가 전해지며 온 산에 메아리가 울렸다. 완적이 고개를 돌려 바라보니 바로 손등이었다.[5]

이렇게 보면 제갈량이 무릎을 안고 길게 휘파람을 불 때는 아마도 그토록 신선 같은 인물이 따로 없었을 것이다.

하지만 제갈량은 결국 번잡한 속세로 들어갔으며 위진의 그 명사들도 진정으로 사물 밖에서 초연할 수만은 없었다. 사람이 세상 속에 있으면 마음대로 운신할 수 없는 법이다. 그런데 위진시대만큼 마음대로 운신하기 힘든 시대는 극히 드물었다. 각종 정치세력의 공공연한 투쟁과 은밀한 갈등이 수시로 벌어지는 바람에 명사들은 그 사이에 끼어 실로 이러지도 저러지도 못했다. 그들도 대다수는 감히 대놓고 저항할 수가 없어서 마음을 맡길 수 있는 것이라고는 오직 휘파람뿐이었다.

완적을 예로 들어보자.

완적은 그의 친구 혜강처럼 위나라 말의 정치투쟁에서 조씨 가문 쪽에 기울어져 있었다. 하지만 혜강이 사마씨에게 공개적으로 비타협적인 태도를 고수한 것과 달리 완적은 감히 그러지 못했다. 사마소에게 구석을 하사하라는 표문도 그가 초안을 썼다. 그 일을 안 하려고 일부러 술을 마시고 취했지만 결국 피할 수 없었다.

그래도 완적은 계속 어느 정도는 독립성을 가질 수 있기를 바랐다. 사마소의 부하로 취급되는 것을 원치 않았다. 그래서 그가 택한 방법

5 『진서』「완적전」과 『세설신어』「서일棲逸」 참고.

은 술기운을 빌려 미친 척하는 것이었고 한번은 대담하게 사마소의 연회에서 길게 휘파람을 불었다. 그것은 사실 보통 일이 아니었다. 많은 사람이 모인 곳에서 높은 사람을 향해 휘파람을 부는 것은 대단히 오만하고 무례한 행동이었기 때문이다. 게다가 연회에 온 다른 사람은 전부 엄숙한 분위기에서 단정하게 앉아 있었다.

사마소는 완적의 그 참람한 행동을 묵인했다. 그가 원래 완적에게 조금 너그럽기도 했지만 당시 사회에서는 명사들의 방자함이 그리 보기 드문 일은 아니었기 때문이다. 나중에 사안의 형 사혁謝奕도 환온이 형주자사일 때 그의 휘하에서 사마가 된 뒤, 연회에서 똑같이 산발을 하고 휘파람을 분 적이 있었다. 환온은 이러지도 저러지도 못하고 그저 사혁이 자신의 '체제 밖 사마'라고만 말했다.

뜻밖에도 사혁은 완적보다 더 심했다. 휘파람만 분 것이 아니고 주사까지 부렸다. 게다가 환온의 뒤를 끝까지 따라붙었다. 결국 환온은 어쩔 수 없이 아내인 남강장공주南康長公主의 방에 숨었는데 공주는 다소 비꼬듯이 말했다.

"이게 누구신가요. 저 미친 사마가 없었으면 나는 남편을 볼 기회도 없을 뻔했네요."[6]

바로 이것이 명사의 기질이었고 이런 기질을 가져야 명사다웠다.

그러면 명사는 무엇이었을까? 명사는 원래 세상에 널리 알려진 사인을 가리켰고 전국시대에도 존재했다. 그러나 사족 중의 엘리트가   **100**

---

6 위의 내용은 『세설신어』 「간오簡傲」 참고.

명사로 간주되고 그들이 사회집단이자 유행하는 개념이 된 시점은 후한 말엽이었다. 당고黨錮의 화(후한 말, 환관들에 의해 사인들이 숙청되어 죽거나 다시 관리가 되지 못하게 된 사건. 이 사상 탄압은 166년과 169년, 두 번에 걸쳐 일어났다) 이후, 사회 여론이 피해를 당한 사인들의 순위를 매겼는데(이중톈 중국사 9권 『두 한나라와 두 로마』 참고) 그 순위에 든 유명 사인들이 바로 명사였다.

나중에 순위는 매기지 않게 됐지만 대신 인물 품평이 유행이 되었고 허소가 바로 그 분야의 유명 인사였다. 그가 조조를 평하려 하지 않은 것은 아마도 당시 조조가 명사 축에 들지 않았기 때문일 것이다. 하지만 조조를 영웅이라 칭한 것은 대단히 의미가 컸다.

실제로 후한 말과 위진시대에 가장 사회적 영향력이 컸던 두 인물 유형은 영웅과 명사였다. 전자의 대표자는 조조, 유비, 조적, 유곤, 왕돈, 환온이었고 후자의 전형은 공융孔融, 완적, 혜강이었다.[7]

이 두 인물 유형은 서로 완전히 달랐다.

물론 명사와 영웅은 서로 통하는 점도 없지는 않았다. 적어도 그들은 세속적인 것과는 거리가 있었으며 마음속 깊은 곳에 자존감이 가득했다. 명사들은 방랑을 즐기고 마음 내키는 대로 행동했으며 속세를 멸시하고 예절에 구애받지 않았다. 영웅들도 예교禮教와 사회 여론 따위는 안중에도 두지 않았다. 환온은 『고사전高士傳』을 읽다가 '도덕적 모범'에 관한 이야기가 나오자 혐오감을 느끼고 책을 던져버렸다.[8]

101

---

7 탕융퉁湯用彤의 『독인물지讀人物志』와 허창췬賀昌群의 『영웅과 명사英雄與名士』, 뤼위밍의 『세설신어정독』 참고.
8 『세설신어』 「호상」 참고.

하지만 그들의 캐릭터는 결코 같지 않았다.

영웅은 역사를 창조할 가능성을 가진 인물로서 비록 역사가 꼭 영웅에 의해 창조되지는 않더라도 영웅이라 자부하는 이는 보통 그것을 자신의 소임으로 여겼다. 그들은 대업의 성취를 이미 운명적으로 정해진 것으로 보았고 천하의 탈취를 주머니에서 물건을 꺼내듯 쉬운 일로 여겼다. 그래서 영웅들은 호탕하고 자신감이 있었으며 자신의 본색과 야심을 기탄없이 표현했다.

그런데 명사는 대부분 기세만 높았다. 명사는 역사를 창조하지는 못했으며 글쓰기와 평론에만 능했다. 그래서 명사의 자부심과 자신감은 단지 개인적인 풍모와 인생에 대한 태도로 표현되었다. 예컨대 그들은 풍류스러우며 호방했고, 비범하며 탈속적이었고, 재능을 믿고서 남을 깔보았고, 특출 나서 뭇사람과는 달랐다.

간단히 구분하면 영웅은 솔직하고 명사는 풍류스러웠다. 물론 영웅이든 명사든 둘 다 진실해야 했다.

풍류는 일부 예외가 있기는 하겠지만 화류계나 드나드는 것이 아니었다. 그것은 주로 풍도와 품격이었다. 따라서 반드시 기세로 표현해야 했다. 동진의 왕공王恭은 이런 말을 하기도 했다.

"명사가 되는 것은 그리 어렵지 않다. 하는 일이 없고 술을 많이 마시며 『이소離騷』를 숙독하면 된다."

사실 이것이 바로 풍류였다.[9]

102

---

9 『세설신어』 「임탄任誕」 참고.

하늘을 우러러 길게 휘파람을 부는 것은 기세 중 하나였다.

의심의 여지 없이 풍류는 풍도이면서 유행이기도 해서 시대에 따라 변화가 있었다. 대체로 후한 말에는 절개를 중시했고 위나라 시기에는 방탕함을 좋아했으며 동진 시기에는 초탈함을 숭상했다. 그리고 위진 교체기의 명사들은 휘파람을 불었을 뿐만 아니라 술도 마셨고 어떤 사람은 약까지 복용했다. 그 약의 이름은 오석산五石散이었는데 먹고 나면 피부에 열이 나 긁기 좋게 헐렁한 오래된 옷을 입어야 했으며 그래서 몸에 이가 생기곤 했다.[10]

이 때문에 이를 잡으며 고담준론을 펼치는 것이 명사의 또 다른 기세가 되었다. 나중에 전진 황제 부견의 모사가 된 왕맹도 이것으로 세상에 이름이 높았다. 이 역시 어떤 것에도 개의치 않는, 오만한 태도와 자유로운 인격을 상징했다.[11]

그런데 동진 이후, 명사들의 오만함은 점차 수그러들었고 그들은 현묘한 청담을 더욱 숭상했다. 왕도, 환온, 사안 그리고 간문제까지 모두 청담의 고수였으며 명사가 통치자와 한데 어울리기 시작했다.

더구나 청담이 중시한 것은 심오한 이치, 재치 있는 사유, 우아한 자태, 듣기 좋은 말투였다. 동시에 얼굴에 희로애락을 드러내거나 정치를 언급해서는 안 된다고 강조하여 집권자의 심기를 거스를 일도 없었다. 청담을 나눌 때는 아마 휘파람 소리도 안 들리고 주사를 부리는 사람도 없었을 것이다.

103

---

10 루쉰魯迅, 「위진풍도 및 문장과 술, 약의 관계魏晉風度及文章與藥及酒之關係」 참고.
11 『진서』 「왕맹전」 참고.

동진과 위진은 이처럼 크게 달랐다.

물론 여기에는 이유가 있었다.

사실 영웅과 비교하여 명사는 열세 집단일 수밖에 없었다. 그들은 공권력도 무기도 없었다. 가진 것이라고는 머릿속 가득한 경륜과 뱃속 가득한 불만뿐이었다. 여기에 스스로 비범하다고 자부하는, 날카로운 언변도 있었다. 하지만 안타깝게도 비판의 무기는 무기의 비판을 당해낼 수 없었고 또 제국은 자신의 신민이 독립적인 인격과 주장을 갖는 것을 결코 원하지 않았다. 오만과 자유를 고수하려면 목숨을 그 대가로 지불해야 했다.

혜강이 바로 그랬다.

혜강의 죽음

혜강은 사형당한 해에 마흔 살이었다.

그날이 며칠이었는지 구체적으로 아는 사람은 이제 없다. 그날도 태양이 떴다는 사실만 확실할 뿐이다. 땅 위에 비친 그림자를 보고 혜강은 아직 사형 집행까지는 시간이 남았다는 것을 알았다. 그래서 다른 사람에게 거문고를 가져오라고 하여 직접 「광릉산廣陵散」이라는 곡을 연주한 뒤, 이렇게 말했다.

"과거에 누가 이 곡을 배우고 싶다고 했는데 내가 허락하지 않았으니 이제 실전失傳이 되겠구나."

이 말을 마치고 그는 조용히 사형을 당했다.

혜강이 죽은 뒤, 천하의 사인들은 애통해하지 않는 사람이 없었다. 사마소조차 후회를 금치 못했다고 한다.[12]

105   그러면 혜강은 왜 죽었을까?

---

[12] 『진서』 「혜강전」과 『세설신어』 「아량」 참고.

직접적인 원인은 종회鍾會의 눈 밖에 난 것이었다.

종회는 고급 사족 출신이었고 부친인 종요鍾繇는 위나라의 개국공신으로 삼공三公 중 하나인 태부를 지냈을 뿐만 아니라 소해小楷를 창시한, 서예 예술의 선구자 중 한 사람이었다. 이런 가문에서 성장한 종회는 타고난 자질이 기민하고 총명했으며 예술적 재능까지 겸비해 젊은 나이에 벌써 명성이 자자했다.[13]

그런데 종회는 혜강에게 경외심을 품었던 것 같다. 학술 논문을 한 편 쓰고서 혜강에게 보여주고 싶었지만 직접 건넬 용기가 나지 않았다. 그래서 혜강의 집 밖에서 오랫동안 배회하다가 그냥 마당에 던져놓고 돌아서서 줄행랑을 쳤다.[14]

여기에는 사실 정치적 원인이 있었다. 종회가 혜강과 토론하려던 철학적 문제는 문화대혁명 이후 진리의 기준을 검증하려 했던 토론과 마찬가지로 사실상 두 가지 노선을 대표했다. 그 두 가지 노선은 바로 조씨의 위나라가 주장했던 법가적 서족과 사마씨 집단이 주장했던 유가적 사족이었다. 종회는 정치적으로나 학술적으로나 모두 사마씨 집단 편에 서 있었다. 그가 감히 혜강을 못 만났던 것은 혜강과의 논쟁이 두려웠기 때문일 것이다.

그래서 그는 스스로 더 자신감이 생겼을 때 다시 혜강을 만나러 갔다.

종회는 그 만남을 위해 단단히 준비를 갖췄던 것으로 보인다. 심지 **106**

---

13 『삼국지』 「종회전」 참고.
14 『세설신어』 「문학文學」 참고.

어 각계 명사들까지 초청했으며 비싼 옷을 차려입고 호화로운 마차를 탄 채 앞뒤로 구름같이 사람들을 대동하고서 호호탕탕 나아갔다.

그런데 혜강은 쇠를 두들기고 있었다.

지금 돌아보면 혜강이 쇠를 두들긴 것은 제갈량이 밭을 갈고 유비가 공예품을 만든 것처럼 꼭 생계를 위한 것은 아니었다. 주로 일종의 취미 활동이나 정치적 태도와 관련이 있었다. 그의 마당에는 커다란 나무가 있었는데 그는 그 밑에서 쇠를 두들겼다. 풀무질은『장자』에 주석을 단, 저명한 철학자 상수向秀의 몫이었다.

상수와 혜강은 종회를 아는 체도 하지 않았다.

한동안 무료하게 기다리다가 종회는 화가 나서 가려고 했다. 혜강은 그제야 입을 열었다.

"무엇을 듣고 와서 무엇을 보고 가는 거요?"

종회는 답했다.

"들은 것을 듣고 와서 본 것을 보고 가오."[15]

혜강은 계속 쇠를 두드렸다. 하지만 안타깝게도 그의 그런 나날은 오래가지 않았다. 종회가 그의 목숨을 위태롭게 할 결정을 내렸기 때문이다.

마침 그때 억울한 사건이 한 가지 벌어졌다. 혜강의 친구 여안呂安의 아내가 여안의 형 여손呂巽과 간통을 했는데, 혜강의 설득으로 여안은 여손을 고소하지 않고 여손도 여안을 괴롭히지 않기로 맹세했다. 그

107

---

15 『진서』「혜강전」, 『세설신어』「간오」의 본문과 유효표주의 『문사전文士傳』 인용문 참고.

런데 얼마 지나지 않아 여손이 여안을 불효죄로 무고를 해버렸다. 혜강은 여안의 결백을 증명하려고 적극적으로 나서서 변호했지만 오히려 여안과 함께 붙잡혀 투옥되었다.[16]

복수의 기회를 잡은 종회는 사마소 앞에서 혜강을 헐뜯으며 혜강 같은 '잠룡'을 절대로 내버려둬서는 안 된다고 말했다. 결국 혜강과 여안은 사형을 당했고 그 죄명은 잘못된 언론을 퍼뜨렸다는 것이었다.[17]

그것은 전형적인 '설화舌禍'였으며 결코 처음 있는 일이 아니었다. 조조가 공융을 죽인 것도 그러했다. 전하는 말에 따르면 공융은 이런 말을 했다고 한다.

"아버지는 자식에게 은혜가 없다. 당시 아버지는 성욕을 채웠기 때문이다. 어머니는 자식에게 역시 사랑이 없다. 열 달 동안 배 속에 품고 있었던 것은 물건을 잠시 항아리 속에 맡겨둔 것이나 다름없기 때문이다."

그래서 조조는 불효죄로 공융을 죽였고 그의 자식도 놓아주지 않았다.[18]

이 사건은 실로 풍자적인 의미가 있다. 왜냐하면 공융은 공자의 20대손이었고 조조는 재능 있는 인재라면 불인不仁하고 불효해도 등용하겠다고 주장했기 때문이다. 아무래도 그는 고의로 공융을 모욕하고 그 기회에 유가 사족 노선을 한 방 먹일 속셈이었던 것 같다. 공자의 직계 자손도 이렇게 불효한데 유가 윤리를 믿을 수 있느냐는 식

16 『삼국지』 「왕찬전王粲傳」 배송지주의 『위씨춘추魏氏春秋』 인용문 참고.
17 『진서』 「혜강전」 참고.
18 『삼국지』 「최염전」 배송지주의 『위씨춘추』 인용문과 『후한서』 「공융전」, 『세설신어』 「언어」 참고.

으로 말이다.

하지만 혜강의 상황은 달랐다.

실제로 공융이 불효의 언론을 퍼뜨렸는지는 증거가 없었다. 판결문에서 지목한 증인은 예형禰衡이었지만 예형은 벌써 황조黃祖에게 살해되어 증언을 하고 싶어도 할 수가 없었다. 그런데 혜강이 탕왕湯王과무왕武王을 비난하고 주공과 공자를 경멸한 것은 버젓이 종이에 글씨로 적힌 물증이 있었다. 그 물증은 바로 혜강의 대표작, 「성무애락론聲無哀樂論」과 「여산거원절교서與山巨源絕交書」였다.

겉으로 보면 「성무애락론」은 미학 논문에 불과하다. 이 논문에서혜강은 19세기 오스트리아의 미학자 에두아르트 한슬리크와 유사한관점을 제시했다. 음악은 미의 형식일 뿐이며 감정과는 무관하다고주장했다.[19]

이것은 또 어떻게 금기를 범한 것일까?

유가 사상과 상충되는 것이 문제였다. 유가의 미학에서 음악은 감정의 표현이다. 음악을 통해 인심의 향배를 알 수 있고 성정의 도야와풍속의 교화도 꾀할 수 있다. 그래서 음악은 현실 정치를 위해 복무할 수 있고 또 복무해야 하며 통치계급은 음악을 이용해 정치를 수행해도 무방한데 이를 '악교樂敎'라고 한다.

악교와 예교는 상보관계로서 함께 예악의 문명을 건설했다. 그런데**109** 혜강은 음악이 순전히 예술 형식일 뿐이라고 주장했으니 이것은 사마

---

19 에두아르트 한슬리크(1825~1904)는 오스트리아의 음악가·음악 비평가로, 그의 관점은 저서인「음악미론」(1854) 참고.

씨 집단의 유가적 사족 노선에 대한 반대로서 사마소 등은 당연히 용인할 수 없었다.

더 용인할 수 없었던 것은 그의 공개적인 비타협이었다.

혜강도 젊은 시절의 사안과 마찬가지로 관리가 되고 싶어하지 않았다. 그런데 사안은 결국 '동산재기'를 했지만 혜강은 정말로 산속에 은거했다. 이런 그와 의기투합했던 사람은 완적, 산도山濤, 상수, 유령劉伶, 완함阮咸, 왕융王戎이었는데 이들의 교류를 '죽림지유竹林之遊'라고들 했으며 또 세상 사람들은 그 일곱 명을 '죽림칠현竹林七賢'이라고 불렀다.[20]

사실 죽림칠현은 결코 조직이나 단체가 아니었으며 이른바 죽림이라는 곳이 있었는지조차 의심스럽다. 그 일곱 명의 운명과 성격, 심지어 성격도 각기 달랐다. 왕융은 유명한 수전노였고 산도는 사마씨 집단에 투신해 상서이부랑尚書吏部郎의 자리를 떠나면서 그 자리에 혜강을 추천했다.

하지만 혜강은 단호히 거절하고 「여산거원절교서」를 썼다.

거원巨源은 산도의 자였으니 산도와 절교하는 편지였던 셈이다.

절교는 원래 친구 사이의 일이며 정치와는 무관하다. 하지만 혜강은 공개적으로 산도와의 절교를 선언했으므로 그것은 정치적 태도의 표명이었다. 하지만 그들 사이의 우정은 전과 다름없었다. 혜강은 죽기 전에 아들 혜소嵇紹를 산도에게 부탁했다. 당시 그는 아들에게 말 **110**

---

20 『진서』「혜강전」과 『세설신어』「임탄」 참고.

했다.

"거원 백부가 계시니 너는 고아가 될 리는 없다."[21]

바꿔 말해 산도와의 절교는 바로 당국과의 공개적인 결별을 뜻했다.

그 일로 사마소는 진즉에 심기가 상했다. 하물며 혜강의 태도와 말투는 더욱 악질이라 할 만했다. 그는 관리가 되고 싶지 않은 이유를 다음과 같이 열거했다.

늦잠 자기를 좋아하고 일찍 못 일어난다. 호위병과 비서가 따라다니면 놀기가 불편하다. 회의를 하고 사무를 보려면 자세가 단정해야 해서 이를 잡을 수 없다. 공문서를 보고 쓰는 것을 안 좋아한다. 혼례식과 장례식에 가는 것을 안 좋아한다. 속물들과 동료가 되기 싫다. 머리를 많이 쓰고 싶지 않다.[22]

그야말로 관리사회를 대놓고 희롱하는 발언이다.

더 심각했던 것은 혜강이 "탕왕과 무왕을 비난하고 주공과 공자를 경멸하자"는 기치를 명확히 올리는 한편, 앞으로도 그 생각을 바꾸지 않겠다고 공언한 것이었다. 이는 명백한 도전이었다. 이 편지를 다 읽고 사마소는 크게 진노했다고 한다.[23]

이에 대해 혜강은 사실 마음의 준비가 돼 있었다. 그는 같은 편지에서 말하길, "나의 약점은 강직하고 고집이 세며 악을 원수처럼 미워

---

21 『진서』「산도전」 참고.
22 혜강, 「여산거원절교서」 참고.
23 『삼국지』「왕찬전」 배송지주의 『위씨춘추』 인용문 참고.

하고 거리낌 없이 직언을 하는 데다 일이 생기면 곧잘 발작해 자신을 단속하지 못하는 것이다"라고 했다.

혜강은 결코 자신을 잘 모르지 않았다.

사실 혜강은 자신을 단속할 생각도 없었다. 아마도 그 자신에게 독립적인 인격과 자유의지는 목숨보다 더 소중했을 것이다. 한 사람이 전전긍긍하며 살면서 할 말도 하지 못하고 집권자 앞에서 무조건 순종해야 한다면 그것은 죽음보다 못한 삶이 아닌가!

아마도 그럴 것이다. 아마도.

혜강의 죽음이 사람에 준 충격은 대단히 컸다. 과거에 풀무질을 했던 상수는 혜강이 죽은 뒤 사마소에게 투신했다. 사마소는 그에게 물었다.

"선생은 요순시대의 은사들을 본받으려 하지 않았소? 그런데 어째서 여기에 온 거요?"

상수는 뜻밖의 답을 했다.

"그들에게 부러워할 만한 구석이 어디 있습니까!"

사마소는 크게 만족스러워했다.[24]

이것은 이해하기 어렵지 않다. 어쨌든 대다수 사람은 죽음을 두려워하기 때문이다. 완적도 마찬가지였다.

24 『세설신어』「언어」참고.

완적의 만취

완적은 거의 술독에 빠져 일생을 보냈다.

그것은 이상한 일이 아니었다. 음주는 위진 명사들의 지표 중 하나여서 목숨보다 술을 더 아낀 일화가 얼마든지 있기 때문이다. 예를 들어 동진시대에 산도처럼 상서이부랑을 지낸 필탁畢卓이라는 사람이 있었다. 어느 날 저녁, 그는 이웃 관서에서 술 냄새가 나는 것을 알고 담을 넘어가 술을 훔친 뒤, 자기를 붙잡은 순라꾼과 함께 그 술을 마셨다. 결국 그는 폭음으로 인해 파면당했다.[25]

완적은 훨씬 똑똑했다. 그가 택한 방법은 사마소에게 보병교위步兵校尉가 되겠다고 신청한 것이었다. 왜냐하면 보병교위 관서의 술이 유난히 괜찮았기 때문이다. 사마소는 당연히 그 자리에서 허락을 했고 완적은 이로 인해 '완보병阮步兵'이라고 불렸다.[26]

완적보다 더 술고래였던 사람은 유령이었다. 그는 늘 하인에게 괭

25 『세설신어』「임탄」유효표주의 『진중흥서晉中興書』인용문 참고.
26 『진서』「완적전」과 『세설신어』「임탄」참고.

이를 메고 따라오게 하고 자기는 작은 수레를 타고 가면서 술을 마셨다. 하인에게 그는 이런 말을 했다.

"내가 취해서 죽으면 그곳이 어디든 나를 그곳에 묻어다오."[27]

신기질辛棄疾이 자신의 사詞에서 "취한 뒤에는 죽은 곳에 바로 묻혀도 무슨 상관이겠는가醉後何妨死便埋"라고 한 것은 바로 유령을 가리킨 것이었다.[28]

더 이상 두고 볼 수가 없었던 부인이 술을 끊으라고 하자 그는 말했다.

"좋소. 그런데 나는 내 자신을 단속 못하니 신에게 도와달라고 해야겠소."

부인은 어쩔 수 없이 술과 고기를 준비해 신에게 제사를 지냈다.

그런데 유령은 무릎을 꿇고 기도하며 말했다.

"하늘이 유령을 낳아 술로 운명을 삼게 했습니다. 한번 마셨다 하면 열 말을 마시고 다섯 말로 숙취를 풀었습니다. 그런데 어떻게 여자의 말을 듣겠습니까?"

그래서 그는 또 내친김에 인사불성이 되도록 술을 마셨다.[29]

주정뱅이는 언제나 핑곗거리를 찾게 마련이니 유령도 예외가 아니었던 것이다.

이 이야기는 유창劉昶(자는 공영公榮)을 생각나게 한다. 그의 특징은 누구와든 술을 같이 마시는 것이었다. 이에 대해 그는 이렇게 말했다. **114**

---

27 『진서』 「유령전」과 『세설신어』 「문학」 유효표주의 『명사전名士傳』 인용문 참고.
28 신기질, 『심원춘沁園春』 「장지주계주배사물근將止酒戒酒杯使勿近」 참고.
29 『진서』 「유령전」과 『세설신어』 「임탄」 참고.

"나보다 술이 강한 사람을 만나면 같이 마시지 않을 수 없다. 나보다 술이 약한 사람을 만나 같이 마시지 않으면 미안한 일이다. 또 나와 술이 비슷한 사람을 만나면 더더욱 같이 마셔야 한다."[30]

하지만 완적과 왕융의 생각은 달랐다. 그들은 이렇게 말했다.

"공영보다 술이 강한 사람을 만나면 같이 마시지 않을 수 없다. 공영보다 술이 약한 사람을 만나면 역시 같이 안 마시면 미안한 일이다. 오직 공영 본인을 만났을 때만 같이 안 마실 수 있다."

결국 유창은 완적과 왕융과 같이 있을 때는 술을 한 잔도 못 마셨다. 하지만 언제나 즐겁게 이야기꽃을 피웠다.[31]

유령은 유창처럼 순수하게 술을 좋아했던 것 같다. 하지만 완적의 폭음은 달리 원인이 있었을 것이다. 참고할 만한 역사적 사실을 보면 사마소가 자신의 아들을 완적의 딸과 결혼시키려 했는데 완적이 두 달 연속 만취하여 피하는 바람에 무산되었다고 한다.[32]

그래서 사마소가 구석을 하사받기 위해 황제에게 올릴 표문을 써줄 사람이 필요했을 때 완적은 똑같은 행태를 반복했다. 하지만 이번만은 사람들이 그를 놓아주지 않았고 그는 술이 깨자마자 단숨에 수려한 글 한 편을 써냈다. 그것을 보고 다들 신묘한 글이라고 찬탄을 금치 못했다.[33]

그 글은 일찌감치 준비해놓았던 것이 아닐까? 아마도 완적은 피할 수 있으면 피하자는 생각이었을 것이다. 그러나 피하기가 어려웠고 술

---

30 『세설신어』「임탄」 참고.
31 『세설신어』「간오」 참고.
32 『진서』「완적전」 참고.
33 『진서』「완적전」과 『세설신어』「문학」 참고.

도 깨버렸으니 달리 어찌할 방도가 없었다. 그는 자신의 목숨을 갖고 모험을 하고 싶지는 않았다. 혼인은 사사로운 일이어서 사마소도 억지로 강요하기는 난처했다. 그러나 구석의 하사는 공무에 속했기 때문에 완적은 발뺌하기가 힘들었다.

이렇게 보면 사실 그는 진짜 취했던 적이 없었던 것 같다.

가는 게 있으면 오는 게 있는 법이다. 사마소도 완적에게 최대한 관용을 베풀었고 심지어 비호까지 해주었다. 완적이 상중에 술을 마시고 고기를 먹어서 남에게 탄핵을 받았을 때 사마소는 그를 두둔해주었다.

"그가 너무 슬퍼서 사람 꼴이 아니거늘 너는 왜 그와 슬픔을 나누지 않는 것이냐? 몸에 병이 있어서 술을 마시는 것은 예에도 부합하는 일이다."[34]

하지만 완적은 몸에 병이 없었다. 그의 병은 마음에 있었다. 사실 완적은 혜강과 마찬가지로 사마소 집단이 예교의 명분을 빌려 제위를 찬탈하려는 것에 대해 불만이 많았고 지나치게 예의를 따지는 자들도 지극히 경멸했다. 그래서 그도 공융처럼 터무니없는 말을 하거나 심지어 일부러 사람들을 놀라게 하는 말을 하곤 했다.

언젠가 아들이 어머니를 죽였다는 얘기를 듣고 완적이 "아버지는 죽여도 되지만 어머니를 죽이다니!"라고 말한 적이 있었다. 이에 모두가 크게 놀랐고 사마소도 따져 물었다.

116

34 『세설신어』「임탄」참고.

"아버지를 시해하는 것은 천하의 대죄인데 어찌 그래도 된다는 것 인가?"

그런데 완적은 이렇게 답했다.

"짐승은 어머니만 알고 아버지를 모릅니다. 그래서 아버지를 죽이는 자는 짐승이나 다름없고 어머니를 죽이는 자는 짐승만도 못하다는 겁니다."

이 말에 사람들은 모두 탄복했다.[35]

완적이 그런 말을 한 것은 이상한 일이 아니었다. 사실 후한 말부터 동진 말까지 예교는 거의 허위의 대명사였다. 예를 들어 환온의 막내아들 환현은 나중에 제위를 찬탈했는데도 사람들 앞에서는 효자로 행세했다. 한번은 손님이 술자리에서 '온주溫酒', 즉 데운 술을 요구했는데 환현은 난데없이 눈물을 줄줄 흘렸다. '온'은 죽은 아버지의 이름이므로 그 글자는 아예 입 밖에도 꺼내지 말라는 것이었다.

완적이 일부러 예교와 상반된 언행을 한 것은 바로 이런 배경 때문이었다. 그의 집 근처 술집의 주모는 자색이 무척 뛰어났는데 완적과 왕융은 자주 그 집에서 술을 마시고 취해 그 여자 곁에서 잤다. 이를 두고 술집 주인은 부쩍 의심이 들었지만 한동안 꼼꼼히 살펴보고 완적에게 전혀 사심이 없다는 것을 알고서 마음이 개운해졌다.[36]

이른바 "대인은 천진하고 거짓 없는 마음을 잃지 않는다大人者不失其赤子之心"는 것은 바로 이를 두고 하는 말이 아닐까?[37]

117

---

35 『진서』 「완적전」 참고.
36 위의 내용은 모두 『세설신어』 「임탄」 참고.
37 『맹자』 「이루하離婁下」 참고.

천진하고 거짓 없는 마음을 가진 사람은 즐겁게 살 수도 있고 고통스럽게 살 수도 있다. 왜냐하면 성인이 정말로 아이일 수는 없으며 '아이 같다'는 것은 그저 솔직하고 꾸밈없는 것에 불과하기 때문이다. 완적이 바로 그랬다. 전하는 얘기에 따르면 완적은 사람에 대해 좋고 싫음이 뚜렷해서 좋아하는 사람에게는 기쁜 눈빛을, 안 좋아하는 사람에게는 혐오의 눈빛을 노골적으로 드러냈다고 한다. 그래서 혜강과 그의 형 혜희嵇喜가 완적을 방문하면 그 두 가지 눈빛을 동시에 경험했다고 한다.

그런데 자신의 호오를 전혀 못 숨기는데도 완적은 의외로 평생 누구에 대해서도 평을 한 적이 없었다. 이 점을 사마소는 무척 마음에 들어하여 심지어 세상에서 가장 신중한 사람은 완적이라고 생각했을 정도였다.[38]

이런 사람이 바로 완적이었다. 천진하면서도 자신을 잘 단속했고 거짓이 없으면서도 신중했다. 하지만 이런 사람이어서 가슴속에 맺힌 것이 더 많았을 것이다. 그래서 어떤 사람은 "완적이 저렇게 고주망태가 되는 것은 술로 마음속의 분노를 씻어내기 위해서다"라고 생각했다.[39]

그의 울음도 마찬가지였다.

완적은 분명히 평생 여러 차례 울었을 것이다. 친척도 아니고 친분도 없는 어떤 아가씨가 죽었을 때도 그는 찾아가서 통곡을 했다. 이

118

38 『진서』 「완적전」, 『세설신어』 「덕행德行」과 유효표주의 이강李康(이병李秉), 『가계家誡』 인용문 참고.
39 『세설신어』 「임탄」 참고.

유는 그 아가씨가 재색을 겸비했는데도 시집도 못 가고 죽었기 때문이라고 했다. 그것은 확실히 불행한 인생이기는 했다. 그래서 시인의 기질과 철인의 감수성이 발동하여 울지 않을 수 없었던 것이다.

하지만 그는 자기 때문에 더 울고 싶었을 것이다. 완적의 삶을 생각하면 그 아가씨와 근본적으로 무슨 차이가 있었을까? 그의 삶의 가치는 과연 실현되었을까? 더듬더듬 뭔가 얘기하려다 멈춰버리곤 했던 그의 시를 과연 몇 사람이나 보고 이해했을까? 그가 사마소를 위해 써준 표문은 그가 진실로 하고 싶은 말이었을까?

완적이 왜 유령처럼 수레를 타고 술 한 병을 든 채 정처 없이 이곳저곳을 쏘다녔는지 이해가 간다. 다만 유령은 "내가 죽은 곳에 나를 묻어다오"라고 분부한 반면, 완적은 길 끝에 이르면 통곡을 하고 돌아왔다.[40]

그들의 생각을 정확히 알 수 있는 사람은 없다. 아마도 유령은 한평생을 어떻게 보내든 결국에는 죽음으로 돌아간다는 것을 명확히 인식했을 것이다. 그래서 어디를 가도 괜찮고 죽어서 어디에 묻혀도 괜찮다고 한 것이 아닐까? 마찬가지로 인생이 아무 의미가 없다면 그냥 살고 싶은 대로 살아도 무방하지 않은가?

그래서 유령의 광기는 완적보다 심했다. 한번은 친구들이 그를 만나러 갔다가 그가 완전히 발가벗고 앉아 있는 것을 보았다. 친구들이 크게 놀라는데도 유령은 아무렇지도 않다는 듯 태연하게 말했다.

119

---

40 위의 내용은 『진서』 「완적전」 참고.

"천지가 내 집이고 집은 내 옷인데 여러분은 무슨 일로 내 바지 속에 들어왔소?"[41]

그것은 정말 미친 소리나 다름없었다.

그러나 유령은 결코 미친 것은 아니었다. 그는 누구보다 정신이 말짱했고 또 자신의 목숨을 아꼈다. 언젠가 술을 마시고 가다가 행인과 시비가 붙었는데 상대가 소매를 걷고 달려들려 하자 왜소한 유령은 즉시 양보했다. 이때 그는 이렇게 말했다.

"겨우 닭갈비 같은 내가 존귀한 그대의 주먹을 어찌 감당할 수 있겠소?"

당연히 상대는 그냥 웃고 가버렸다.

실제로 이것 역시 유령의 처세의 도였다. 사마씨 정권에 대해 혜강처럼 공개적으로 대항하지도 않았고, 완적처럼 적당히 양보하며 보신을 꾀하지도 않았다. 그는 초빙을 받았을 때 장광설을 늘어놓아 집권자가 자신을 쓸모없는 사람이라고 판단하게 유도했다. 그래서 유령은 결국 천수를 누리고 편안히 눈을 감을 수 있었다.[42]

하지만 완적은 계속 고통스러운 몸부림 속에 살았다. 일찍이 그는 옛날에 유방과 항우가 겨뤘던 전장을 찾아갔다가 이런 명언을 남겼다.

"세상에 영웅이 없어 잔챙이들이 이름을 날리는구나."

이처럼 그는 영웅이 있어야 한다고 생각했으며 또 그 영웅 없는 시대에 출로를 찾을 수 있기를 바랐다. 그가 길이 끝날 때마다 운 것은

---

41 『세설신어』 「임탄」 참고.
42 위의 내용은 『진서』 「유령전」 참고.

아무리 찾아도 길이 어디에 있는지 알 수 없었기 때문이다.[43]

우리도 알지 못한다.

하지만 도연명陶淵明의 전원에도 길이 없었다는 것만은 확신할 수 있다.

---

43 『진서』「완적전」참고.

도연명의 은둔

유령, 완적과 마찬가지로 도연명도 자기 목숨처럼 술을 아꼈다.

도연명의 본명은 도잠陶潛이며 연명은 그의 자다. 잠깐 팽택현彭澤縣 (지금의 장시성 주장九江)의 현령을 맡은 적이 있어 도팽택이라고도 불린다. 팽택현령은 법에 따라 3경頃(1경은 약 2만 평)의 공전公田을 소유했는데 도연명은 뜻밖에도 거기에 몽땅 양조용 수수를 심을 것을 지시하고 자기는 늘 술에 취해 있을 수만 있으면 만족이라고 공언했다. 나중에 아내의 강력한 항의가 있고서야 겨우 50묘畝(1묘는 1경의 100분의 1)를 떼어 메벼로 바꿔 심게 했다.[44]

안타깝게도 도연명은 수수가 다 익을 때까지 기다리지 못했다. 상급 기관에서 독우督郵를 파견했기 때문이다. 독우는 군수가 각 현에 파견하여 현령과 현리를 감찰하게 하는 순회 관리로서 관직은 높지 않아도 권한은 작지 않아 위세가 대단했다. 유비도 안희현위安喜縣尉였

을 때 독우의 방자함을 참을 수 없어 관직을 버리고 떠난 적이 있었다. 더구나 홧김에 독우를 매질한 사람도 장비가 아니라 유비 본인이었다.[45]

이번에는 도연명 차례였다.

독우가 팽택에 도착하자 부하 관리들이 도연명에게 조언을 올렸다. "대인께서는 의관을 단정히 하고 공손히 나아가 독우를 봬야 합니다."

도연명 역시 울분을 참을 수 없어서 즉시 관인과 인끈(인장을 매는 끈)을 풀어 관직을 내놓고 그곳을 떠났다. 다만 그는 독우를 매질하는 대신 명언 한마디를 남겼다.

나는 쌀 다섯 말의 녹봉 때문에 향리의 소인배에게 허리를 굽실거릴 수는 없다!

吾不能爲五斗米折腰, 拳拳事鄕里小人邪!

도연명은 집으로 돌아가서 다시는 관직을 맡지 않았다.

지금 돌아보면 다시 관직을 맡지 않은 것은 아마도 그가 진작부터 갖고 있던 생각 때문이었을 가능성이 크다. 도연명 자신의 말에 따르면 겨우 80여 일간 일한 그 현령 자리는 원래 1년만 채우고 그만둘 생각이었다. 그런데 그의 누이동생이 갑자기 죽는 바람에 어쩔 수 없

123

이 미리 사직을 하고 장례를 치르러 갈 수밖에 없었다고 한다. 그때는 의희義熙 원년(405) 11월이었다. 수수든 메벼든 아직 심을 수도 없는 시기였다![46]

그래서 도연명이 왜 갑자기 사직했는지에 관해서는 그것이 누이 때문이었는지, 아니면 독우 때문이었는지 아직까지 밝혀진 바가 없다. 3경 면적의 공전에 6분의 5는 수수를 심고 6분의 1은 메벼를 심었다는 것도 그리 신빙성은 없다.

하지만 사직한 뒤에 도연명은 무척 마음이 후련했던 것 같다. 그는 집에 돌아가는 길을 이렇게 묘사했다.

"나룻배가 흔들흔들 천천히 강 위로 흘러가고 강바람이 살랑살랑 옷자락에 스치네. 강 언덕에서 행인을 만나 길이 얼마나 남았는지 묻는데 아침 햇살이 정말 느리게도 비치네."

마치 화살처럼 속히 집에 돌아가고 싶은 마음이 느껴진다.

집에 도착한 뒤에는 더욱 기뻐한다. 하인과 아이가 문 앞에 나와 있고 자신은 집 대문을 보자마자 미친 듯이 달려간다. 정원의 오솔길은 이미 황폐해졌지만 다행히 소나무와 국화는 아직 있었고 더 기쁜 것은 술이 동이에 가득한 것이었다. 그래서 남쪽 창문 아래 앉아 혼자 술잔을 기울인다! 그때 구름은 무심히 산골짜기를 벗어나고 새들은 지쳐 둥지로 돌아가는 중이었다.[47]

이 모든 것이 지극히 자연스러워 집에 돌아온 것이 기쁘기 그지없

---

[46] 도연명, 「귀거래혜사歸去來兮辭」 「서序」 참고.
[47] 도연명, 「귀거래혜사」 참고.

었다!

영원히 관리가 되지 않겠다고 결심한 도연명은 전원생활을 시작한다. 실제로는 평택현령이 되기 전에도 농사를 지었기 때문에 예전 일을 다시 하는 것에 불과했다. 그런데 도연명의 농사 솜씨는 칭찬받을 만한 수준은 아니었다. "남산 밑에 콩을 심었는데種豆南山下" "풀만 무성하고 콩 싹은 성글었기草盛豆苗稀" 때문이다.[48]

다행히 도연명은 생계를 도모하기 위해서가 아니라 마음을 도모하기 위해 농사를 지었다. 하인을 두고 있는 집에서 남자 주인이 직접 농사를 지을 필요는 없었을 것이다. 그래서 그는 자기 집 정원을 한가로이 거닐 수 있었고 그가 묘사한 전원생활도 힘들어 보이긴 해도 시적 정취가 가득하다.

멀리 집들이 어렴풋이 보이고
마을에서는 연기가 가늘게 피어오르는데
깊숙한 골목에서는 개 짖는 소리
뽕나무 끝에서는 닭 우는 소리 들리네
曖曖遠人村, 依依墟裏煙.
狗吠深巷中, 鷄鳴桑樹巓.[49]

125 　이른 아침, 닭이 울고 개가 짖는 소리 속에 멀리 인가가 보일 듯 말

48 도연명, 「귀원전거歸園田居」 3 참고. 따로 「계묘세시춘회고전사癸卯歲始春懷古田舍」를 보면 그가 가장 일찍 농사를 지은 때는 진 안제 원흥元興 2년(403)이다. 베이징대 중국문학사교연실 선주選注, 『위진남북조문학사 참고자료』 참고.
49 도연명, 「귀원전거」 1 참고.

듯 하고 자기 마을에서는 밥 짓는 연기가 모락모락 피어오른다. 이것은 흔하디흔한 농촌 풍경이지만 도연명의 눈에는 신선하고 고즈넉하며 즐거워 보인다.

물론 그의 눈에 비친 들판도 대단히 매력적이다.

너른 밭에 먼 곳의 바람이 지나가니
좋은 모종이 역시 새싹을 품었네
平疇交遠風, 良苗亦懷新.[50]

광활한 들판에 먼 곳에서 온 바람이 부는데 튼튼한 모가 무럭무럭 자라고 있다. 이런 풍경은 실로 사람을 도취시킬 만하다.

이런 구절들은 당연히 불후의 시구로 칭송받았으며 이 때문에 도연명은 '전원시인'이라는 명예를 얻고 심지어 진짜 은사의 전형으로 여겨져왔다. 왜냐하면 그는 자기 몸값을 올리려고 은거했던 다른 은사들과는 달랐기 때문이다. 다시는 하산하지 않았고 교류한 대상도 오직 농부뿐이었다.

때때로 또 마을에 가서
풀을 헤치고 서로 왕래하니
서로 만나도 잡소리 없이

126

---

50 도연명, 「계묘세시춘회고전사」 2 참고.

뽕나무 삼나무 크는 얘기만 하네

時復墟曲中, 披草共來往.

相見無雜言, 但道桑麻長.[51]

"뽕나무 삼나무 크는 얘기만 하네"를 보면 그의 관심사는 오직 농사뿐이었다.

그런데 농부조차 이런 그를 계속 두고 보기가 힘들었나 보다. 어느 날 아침, 한 농부가 술 한 병을 들고 도연명을 찾아와 간곡히 이야기했다.

"선생은 우리가 사는 이런 곳에 계시면 안 됩니다. 지금 온 세상이 어울리며 혼탁해져 있는데 선생이라고 물결 따라 흘러가면 안 되리라는 법이 어디 있습니까?"

도연명은 농부의 호의를 거절하며 말했다.

"강산은 바뀌기 쉽지만 본성은 변하기 어렵지. 우리 함께 이 술이나 마시는 게 좋겠네. 나는 생각을 안 바꿀 걸세."

나중에 도연명은 이 일을 자기 시 속에 적어 넣었다.

이른 아침 문 두드리는 소리가 들려

바삐 옷 입고 나가 대문을 열고

그대는 누구냐고 물었는데

51 도연명, 「귀원전거」 2 참고.

마음 착한 농부가 와 있었네
멀리서 술 들고 인사 왔다는데
시대와 떨어져 있다고 나를 꾸짖었네
淸晨聞叩門, 倒裳往自開.
問子爲誰與, 田父有好懷.
壺漿遠見候, 疑我與時乖.[52]

　시는 좋지만 일화는 미심쩍어서 꼭 사실로 받아들일 필요는 없다.
그러나 꼭두새벽에 누가 문 두드리는 소리를 듣고 옷도 다 못 입고 나
가 맞이하는 사람의 심정과 심리만은 진실하다. 확실히 도연명은 다
른 사람과의 교류를 갈망했다. 관직도 피하고 정치도 피했지만 사회
는 피하지 않았던 것이다.
　사실 정치에 대해서도 전혀 무관심하지는 않았다. 일설에 따르면
도연명은 시를 쓰고 산문을 짓고 나서 날짜를 적을 때면 절대로 송나
라의 연호를 쓰지 않았다고 한다. 다시 말해 그는 유유의 송나라가
합법적인 정권임을 인정하지 않고 마음속에 오직 동진만을 품었던 것
이다.[53]
　그러면 그는 왜 동진의 관직을 안 맡은 것일까?
　직급이 너무 낮았기 때문이다.
　전원시인이자 진짜 은사였던 인물이 직급이 너무 낮다고 싫어했다　**128**

52　도연명, 「음주飮酒」9 참고.
53　『송서』「도잠전」 참고.

는 것이 말이 되는가?

말이 된다. 그것은 도씨 가문의 조상이 너무 위대했기 때문이다. 도연명의 증조부 도간陶侃은 관직이 대장군에 이르렀고 또 대사마로 여덟 지역의 군사를 관장하면서 따로 두 지역(그중 하나는 형주였다)의 자사까지 겸임했다. 그는 당시 사람들에게 영리하고 용맹하기는 조조 같고 충성스럽고 신실하기는 제갈량 같다는 평을 들은 호걸이자 풍운아였다!54

도연명이 괜히 독우를 '향리의 소인배'라고 부른 것이 아니었다.

"관리 일을 참을 수 없다不堪吏職"며 그만두고 가버린 것도 이해가 간다.55

안타깝게도 도연명 때에 이르러 도씨 가문은 이미 몰락 귀족 혹은 몰락 사족이 돼버렸다. 그러나 혈기와 정신, 성격만은 대를 이어 전해진 듯하다. 그래서 도연명의 마음속 깊은 곳에는 일반인이 헤아리기 힘든 오만함과 고귀함이 도사리고 있었다. 다만 그 내적인 힘이 도간에게서는 영웅의 기질로, 도연명에게서는 평상심으로 표현된 것 같다.

그러나 가장 평상적이지 않은 것은 바로 외견상 평상적인 것 안에 있는 법이다. 평택현령을 그만두고 온 그 이듬해 중양절重陽節(음력 9월 9일. 이날에는 경치 좋은 곳에 놀러 가거나 높은 곳에 올라가 아래를 조망하거나 또 **129** 국화를 감상하는 풍습이 있다)에 도연명은 술도 안 마신 채 집 근처 국화

54 『진서』「도간전」 참고.
55 이 견해는 『송서』「도잠전」 참고.

밭에 앉아 두 손 수북이 국화꽃을 담고서 천고의 명구를 읊었다.

동쪽 울타리 아래 국화꽃을 따다가
유유히 남산을 보았네
采菊東籬下, 悠然見南山.[56]

아마도 이것이 도연명의 진짜 이미지일 것이다. 여기에서 '견見'을 바라본다는 뜻의 '망望'으로 해석하면 안 된다. '망望'은 의도가 있는 행위여서 유유히 행할 수 없다. 무심코 남산을 봤다고 해야만 담담한 가운데 지극한 아름다움이 깃든다.
또 그래야만 진정한 위진풍도다.

56 시는 도연명, 「음주」 5를, 사적은 소통, 「도연명전」 참고.

명사 황제 사마욱

도연명이 팽택현령을 그만뒀을 때는 간문제가 죽은 지 이미 20여 년이 흐른 뒤였다. 죽은 뒤 태종으로 추존된 이 동진의 황제는 어떤 의미에서는 도연명보다 더 은사 같았고 또 더 명사 같았다.

그렇다. 그는 실로 "큰 은사는 조정에 숨는다大隱隱于朝"는 말에 딱 어울리는 인물이었다.

간문제의 이력에 관해서는 앞에서 이미 말한 바 있다. 그는 동진의 개국황제 사마예의 막내아들로서 사마예에 의해 계승자로 세워질 뻔했다. 하지만 왕도 등의 지지를 받은 장남 사마소司馬紹가 두 번째 황제가 되었다.

사실 진 명제 사마소는 그리 만만한 인물이 아니었다. 언젠가 어떤 사람이 진 원제 사마예를 만나러 장안에서 왔는데, 아직 몇 살 안 되었던 그가 마침 부왕의 무릎 위에 앉아 있었다. 진 원제가 아들에게 물었다.

"장안과 태양 중에 어디가 멀고 어디가 가까우냐?"

사마소가 답했다.

"장안이 가깝습니다. 장안에서는 사람이 오지만 누가 태양에서 왔다는 말은 못 들어봤습니다."

진 원제는 매우 기뻐서 이튿날 연회에서 일부러 다시 한번 물었다. 그런데 사마소는 태양이 가깝다고 말했다. 진 원제는 깜짝 놀라 왜 말을 바꿨느냐고 물었다. 이에 사마소가 말했다.

"눈을 들면 바로 태양이 보이는데 장안은 보이지 않습니다."[57]

이 일은 당시 천하에 널리 소문이 퍼졌다. 사마소의 대답과 말을 바꾼 것이 모두 훌륭했기 때문이다. 사실 진 원제는 처음 그에게 묻기 전에 이미 낙양과 장안이 이민족의 손에 넘어간 것을 얘기하며 눈물을 흘린 적이 있었다. 그래서 사마소는 아버지를 위로하기 위해 일부러 장안이 가깝다고 말한 것이었다. 하지만 이튿날 군신들 앞에서는 태양만 보이고 장안은 보이지 않는다고 이야기해야 했다. 비록 당시 그는 아직 어린아이였고 그의 아버지도 아직 낭야왕 혹은 진왕일 뿐이었지만 그것이야말로 고향 장안을 그리워하던 군신들 앞에서 지도자가 할 말이었기 때문이다.

따라서 이 일이 사실이었다면 사마소는 분명 천부적인 정치적 재능의 소유자였을 것이다.

57 『진서』 「명제기」와 『세설신어』 「숙혜夙慧」 참고.

반면 간문제 사마욱의 정치적 재능은 무척 평범했고 정치적 성과
는 더욱 보잘것없었다. 회계왕의 신분으로 조정을 책임질 때, 야심가
환온을 제어하기 위해 그가 택한 방법은 뜻밖에도 현학가 은호를 발
탁해 북벌을 보낸 것이었다. 청담만 늘어놓을 줄 아는 은호가 북방
야만족의 적수가 될 리 만무했다. 과연 싸우는 족족 패했다.

결국 은호는 서인으로 떨어졌고 나라 안팎의 대권은 죄다 환온에
게 돌아갔다. 그러나 환온은 이를 달가워하지 않았다. 중원을 수복
하려던 그의 계획이 지체되었기 때문이다. 은호는 더욱 원한이 치솟
아서 말했다.

"사람을 높은 누각에 올렸다가 이렇게 사다리 아래로 내몰다니!"

그래서 하루 종일 허공에 '돌돌괴사咄咄怪事(전혀 예상치 못한 일이라는
뜻)라는 네 글자를 반복해 썼다.[58]

은호가 실제로 그런 말들을 했는지는 역사적으로 논란이 있다. 하
지만 사마욱이 환온에 의해 황제가 된 후, 그 황제 노릇이 무척 애처
로웠다는 것에는 이론을 제기할 사람이 없을 것이다. 화성이 태미太
微에 나타난 일로도 그는 불안에 떨었다. 전임 황제가 날조된 죄명으
로 환온에 의해 폐위될 때도 똑같은 별자리의 양상이 나타났기 때문
이다.

그래서 사마욱은 중서랑中書郞 치초郗超를 편전으로 끌고 가서 물었다.

"천명의 길고 짧음은 원래 가늠하기 어려워서 별자리가 변했다고

133

---

58 『진서』 「은호전」, 『세설신어』 「출면」과 유효표주의 『속진양추續晉陽秋』 인용문 참고.

과거 같은 일이 또 일어나리라고 판단할 수는 없지 않은가?"⁵⁹

이것은 물론 문제이긴 했지만 왜 하필 치초에게 물었을까?

왜냐하면 치초는 동진의 중신 치감郗鑒의 손자이자 치음郗愔의 아들로서 환온이 무척이나 신뢰하는 참모였기 때문이다. 자기 아버지가 병권을 내놓고 2선으로 물러나게 한 것도, 황제를 사마욱으로 갈아치우게 한 것도 다 치초의 아이디어였다. 그래서 사안과 왕탄지도 치초 앞에서는 매우 조심하며 어느 정도 양보를 했다.⁶⁰

치초는 사마욱에게 감히 실례를 저지를 수 없어 이렇게 답했다.

"대사마(환온)가 밖으로는 변경의 방어를 공고히 하고 있고 안으로는 사직을 안정시켰으니 어떤 비상사태도 생기지 않을 겁니다. 폐하를 위해 소신과 가족의 목숨을 걸고 보증하겠습니다."

사마욱은 치초에게 말했다.

"자네 아버님께 안부를 전해주시게. 가문과 나라가 이 지경에 이른 것은 다 짐의 무능 때문일세. 정말 부끄러워 말문이 막히는군."

말을 마치고 사마욱은 눈물을 철철 흘렸다.⁶¹

지엄한 천자의 지위에 있으면서도 한낱 보잘것없는 낭관郎官의 보증에 의지했다니 실로 칠칠치 못한 황제다. 사마욱이 무능했던 진 혜제의 부류일 뿐이며 기껏해야 청담의 수준이 조금 높을 뿐이라고 사안이 평가한 것도 무리는 아니었다.⁶²

사실 사마욱은 명사가 되는 편이 더 나았다. 황제가 되기 전 그의   134

59 『진서』 「간문제기」와 『세설신어』 「언어」 참고.
60 『진서』 「치초전」과 『세설신어』 「첩오」 「아량」 참고.
61 『진서』 「간문제기」와 『세설신어』 「언어」 참고.
62 『진서』 「간문제기」 참고.

저택에는 당시의 각계 명사들이 늘 모여 있었다. 환온과 은호도 있었고 다른 현학가와 승려들도 있었다. 모두 그의 귀한 손님이었다. 그들이 청담을 나누는 모임은 흔히 새벽까지 이어졌다. 심지어 사마욱 자신도 현학가가 되었다. 비록 이류에 불과하다는 평가를 받긴 했지만.[63]

그러나 명사들은 사마욱을 인정했다. 당시 명망이 높았던 한 시인은 이렇게 말했다.

"대단히 정통한 사람만이 그와 의리義理를 논할 수 있는데 유진장劉眞長(유담)이면 그럴 만하다. 또 마음이 대단히 깊은 사람만이 그와 한 가로이 함께 있을 수 있는데 간문제(사마욱)가 바로 그다."[64]

이것은 매우 높은 평가다.

사마욱은 확실히 명사의 풍류를 지닌 인물이었다. 잘생겼고 도량이 컸으며 아이큐도 좋았을 뿐만 아니라 취미까지 고상했다. 더 중요한 것은 명사의 심경을 가졌다는 점이었다. 등극 후 그는 황제의 화려한 원림園林으로 들어가서 이런 소감을 발표했다.

깨달음을 얻는 곳은 꼭 먼 곳에 있지는 않다. 숲이 하늘을 가리고 산수가 서로 어울리면 자연히 호수濠水와 복수濮水의 생각이 일어나고 또 날짐승과 들짐승과 물고기가 스스로 사람에게 다가올 것이다.[65]

135

---

63 『세설신어』 「품조」 참고.
64 『세설신어』 「상예」 참고.
65 『세설신어』 「언어」 참고.

호수는 지금의 안후이성 펑양鳳陽에 있고 복수는 지금의 허난성 안에 있다. 복수에서 장자는 초왕의 초빙을 거절하고 차라리 진흙 연못에서 구르는 한 마리 거북이가 될지언정 정치는 안 하고 싶다고 했다. 또 호수에서는 기뻐하며 혜자惠子에게 이런 말을 했다.

"저 물고기가 물속에서 유유히 이리저리 헤엄치는 것을 보게나. 저것이 바로 물고기의 즐거움일세!"**66**

이른바 '호수와 복수의 생각'이란 바로 이런 뜻이다.

황제가 황궁의 원림을 장자가 은거하며 자유를 체험한 호수와 복수로 간주하고 그곳이 '깨달음을 얻는 곳'이어서 굳이 멀리 갈 필요가 없다고 했으니 이는 "큰 은사는 조정에 숨는다"는 말과 정확히 맞아떨어진다. 깊고 그윽한 숲과 계곡물 사이에만 있으면 저절로 대자연을 느낄 수 있고 작은 동물들이 알아서 다가온다는 것은 전형적인 명사의 심리이자 예술가적 기질이 아닌가?

당연히 그러하다. 비록 그는 도연명과 마찬가지로 휘파람은 불지 않았지만 말이다.

의심의 여지 없이 '큰 은사'는 환온의 압박 때문에 어쩔 수 없이 택한 길이었다. 그러나 황족에서 명사가 된 것은 아마도 그의 능동적인 변신이었을 것이다. 사실 사마욱은 나중에 황제가 될 것이라고는 생각지도 못했다. 정치적 시시비비에 관여하지 않고 한 명의 명사가 되는 것이 황제가 되는 것보다 못하지 않으며 심지어 더 체면이 선다고 **136**

66 모두 『장자』「추수秋水」 참고.

생각했을 것이다.

분명히 그것이 사마욱의 가장 좋은 선택지였을 것이다.

그러나 사마욱은 누구보다도 운신이 부자유스러웠다. 도연명은 관직을 그만둘 수 있었지만 그는 불가능했다. 억지로 환온 같은 효웅을 상대하면서 불안에 떨며 황궁에서 하루가 1년 같은 세월을 버텨야 했다. 그나마 다행이었던 것은 결국 그의 눈물이 환온의 추상 같은 기세를 막고 동진 왕조도 그의 대에서 막을 내리지는 않은 것이었다.

야심만만했던 환온이 한 헌제 같은 사마욱 앞에서 왜 제위 찬탈의 발걸음을 늦췄는지에 관해 사람들은 이유를 찾기 힘들어한다. 그러나 위진시대를 이해한다면 그리 신기하게 느껴지지는 않을 것이다. 그 어둡고 혼란했던 시대는 자신만의 정신을 갖고 있었다. 그 앞에서는 환온이든 왕돈이든 어느 정도 삼가거나 뒤로 물러섰다. 왜냐하면 그것은 그들의 정신이기도 했기 때문이다.

그러면 위진의 정신은 무엇이었을까?

인격적 힘에 대한 존중이었다.

간문제 사마욱이 얼마만 한 인격적 매력이 있었는지는 말하기 어렵지만 그의 기질은 확실히 고귀했고 기세도 비범했다. 언젠가 환온과 사마욱이 무릉왕 사마희와 같은 수레를 타고 먼 곳에 갈 일이 있었다. 이때 환온이 몰래 소동을 일으켜 의장대가 갑자기 우왕좌왕하는 바람에 놀란 사마희가 수레에서 내리겠다고 했다. 그러나 사마욱은

137

편안하고 여유롭게 엄숙한 자세를 지켜 환온을 숙연하게 만들었다.[67]

나중에 환온이 사마희를 폐하고도 감히 간문제를 몰아붙여 그를 죽이지는 못한 원인 중 하나가 바로 여기에 있다고 본다. 그렇지 않으면 우리는 닭 한 마리 잡을 힘도 없던 사마욱이 무엇으로 환온을 주저하게 만들었는지 알 도리가 없다. 또한 사마희는 병권을 갖고 있었지만 사마욱은 아무 실권도 없었다는 점도 유념해야 한다.[68]

그러나 사마욱은 도량이 있었고 그것은 위진시대 사람들이 가장 중요시한 것이었다. 그런 인격적 힘은 혜강도, 왕융도, 왕도도 그리고 유량과 사안도 갖고 있었으며 사마욱은 나아가 아름다움까지 겸비했다. 진 폐제 시절, 문무백관이 조회에 가면 늘 조정이 침침하다는 느낌을 받았다. 그런데 회계왕이자 승상이었던 사마욱만 들어오면 눈앞이 환해지곤 했다. 그의 비범한 기개와 도량이 아침놀처럼 빛나 보였기 때문이다.[69]

사실 그것도 일종의 힘, 즉 아름다움의 힘이다.

더욱이 그런 힘은 적이 없다.

67 『세설신어』「아량」참고.
68 『세설신어』「우회」참고.
69 『세설신어』「용지」참고.

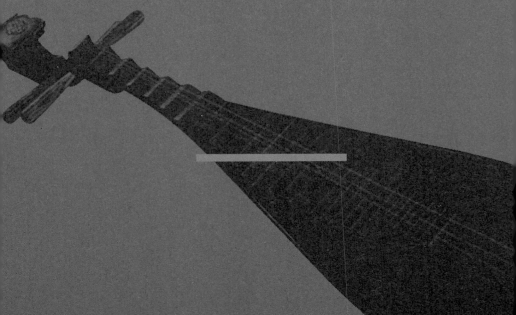

제4장

기풍

이세의 누이동생 이야기는 우리에게 위진이 유미주의의 시대였음을 알려준다.
아름다운 것을 사랑하는 마음은 당시 모두가 갖고 있었을 뿐만 아니라
한 사람의 생사를 결정짓기도 했다.

유미주의의 시대

공주는 진노했다.

화가 머리끝까지 난 그녀는 남강장공주라고 불렸고 명제의 딸이자 성제의 누나였다. 분노의 원인은 어떤 여자라도 이해할 만했다. 그녀의 남편이 뜻밖에도 서재에 몰래 어린 여자를 숨겨놓았던 것이다.

그 어린 여자도 사실은 공주였다. 오빠 이세李勢가 성한의 황제였기 때문이다. 다만 당시 성한은 이미 망한 뒤였다. 군대를 이끌고 성한을 멸망시킨 정서대장군 환온은 이세의 젊고 아름다운 누이동생을 전리품으로 집에 데려와, 아내 남강장공주를 속이고 그런 치정극을 벌인 것이다.

공주는 당연히 용납할 수 없었다.

진노한 공주는 벌컥 서재 문을 열고 들어갔다. 그녀의 뒤에는 칼을 든 수십 명의 시녀들이 있었다. 시녀들이 안에 들어갔을 때, 이세의 누이동생은 마침 머리를 빗고 있었다. 치렁치렁한 머리칼이 바닥까지 드리워졌고 피부는 옥처럼 매끄러웠다.

모두가 보고 넋을 잃었다.

그런데 이세의 누이동생은 여유롭게 계속 머리를 빗었다. 머리를 다 빗고 깔끔하게 틀어 올리고서야 일어나 공주에게 허리를 숙인 뒤, 담담하면서도 처연한 어조로 입을 열었다.

"나라가 무너지고 가문이 망했는데 이곳까지 올 마음은 없었습니다. 오늘 이 자리에서 죽는 것이 원래 제가 바라던 바입니다."

칼이 바닥에 떨어졌다. 남강장공주는 급히 다가가 이세의 누이동생을 껴안으며 말했다.

"착한 아이로구나. 너는 너무나 예쁘고 귀엽구나. 나도 너를 보고 마음이 흔들리는데 하물며 우리 집 그 늙은 것은 오죽하겠느냐!"[1]

이것은 물론 전해오는 이야기로서 실제로 있었던 일인지는 불확실하다. 그러나 이 이야기에 나타난 당시 사회의 기풍만은 사실에 속한다. 그때는 유미주의의 시대였다. 아름다움을 사랑하는 마음을 모두가 갖고 있었을 뿐만 아니라 그 마음이 사람을 살리기도 하고 죽이기도 했다.

손책을 예로 들어보자.

손권의 형 손책은 주유周瑜와 함께 후한 말의 유명한 소년 영웅이자 청년 우상이었다. 그 두 사람이 스물네 살의 나이에 강동의 미녀,   **142**

---

1 『세설신어』 「현원賢媛」과 유효표주의 『투기妬記』 인용문 참고.

대교大喬와 소교小喬를 아내로 맞았을 때 오나라인들은 기뻐하며 그들을 손랑孫郎('랑郎'은 젊은 남자에 대한 애칭), 주랑周郎이라고 친근하게 불렀다. 그때 손책은 전쟁과 사랑에서 모두 성공을 거둔, 뭇 남자들의 선망의 대상이었다.

그러나 좋은 시절은 오래가지 않았다. 손책은 원수의 칼에 상처를 입었다. 그 상처는 그리 심하지 않았다. 얼굴이 칼에 베인 정도였다. 그런데 손책은 뜻밖의 말을 했다.

"얼굴이 이 모양이 되었는데 내가 계속 공을 세우고 대업을 이룰 수 있겠는가?"

이 말을 마치고 크게 소리를 지르고는 상처가 벌어져 죽고 말았다.[2]

희한한 일이다. 공을 세우고 대업을 이루는 것이 용모와 무슨 관계가 있단 말인가?

관계가 있었다. 당시의 사회적 기풍이 용모로 사람을 평가했기 때문이다. 용모가 출중하면 성원을 받고 다른 사람보다 성공하기가 수월했다.

반악潘岳을 예로 들어보자.

반악은 자가 안인安仁이며 아명은 단노檀奴인 서진의 문학가로서 당시의 최고 미남이었다. 그는 심지어 후대에 서시西施가 미녀의 대명사인 것처럼 미남의 기준이 되었다. 그래서 어떤 남자가 잘생기면 "용모

143

---

2 『삼국지』「손책전」 배송지주의 「오력」 인용문 참고.

가 반악 같다"라는 소리를 들었으며 여자들은 자기가 가장 사랑하는 남자를 '단랑檀郞'이라고 불렀다.

사실상 반악은 그 옛날의 '대중의 연인'이었다. 젊은 시절 그가 활을 갖고 수레를 타고서 거리로 나서면 낙양의 여인들이 젊었든 늙었든 모두 달려 나와 그를 에워싸고 보다가 선물로 과일을 수레에 올려놓고 갔다. 반악의 인기는 결코 요즘 할리우드 스타 못지않았다.

이는 당연히 남들에게 부러움을 샀다. 그래서 다른 두 명의 문학가인 좌사左思와 장재張載가 반악을 흉내 내어 역시 활을 갖고 수레를 타고서 거리로 나갔다. 하지만 안타깝게도 그들의 용모는 실로 사람들에게 보여주기가 민망할 정도였다. 그래서 여자들은 좌사에게 침을 뱉었고 남자들은 장재에게 돌을 던졌다. 결국 반악은 빈 수레로 나가 과일을 가득 싣고 돌아왔지만 장재는 빈 수레로 나가 돌을 가득 싣고 돌아왔다.[3]

이런 기풍이 과연 취할 만한 것인지는 당연히 보는 각도에 따라 평가가 다를 것이다. 그런데 반악의 인품은 사실 무척 의심스러웠다. 가 황후의 외조카 가밀의 환심을 사려고 그와 석숭은 매일 길거리에 나가 기다리다가 멀리 가밀이 탄 수레가 먼지를 일으키며 다가오면 즉시 땅바닥에 엎드려 "귀인이 타신 수레의 먼지를 보고 절하옵니다!望塵而拜"라고 소리쳤다.

이 일을 두고 그의 어머니조차 코웃음을 쳤다고 하는데 반악은 마 **144**

---

3 『진서』「반악전」, 『세설신어』「용지」와 유효표주의 『어림語林』 인용문 참고.

지막에는 정치투쟁의 희생양이 되고 말았다. 형을 받기 전, 반악은 어머니에게 "면목이 없습니다, 어머님"이라고 사과했다고 한다.[4] 그러나 무슨 말을 해도 이미 너무 늦어버렸다.

반악의 머리가 땅에 떨어졌다. 그가 아무리 잘생겼어도 소용이 없었다.

반대로 유량은 기사회생했다.

왕도, 환온, 사안과 비교하여 유량은 동진의 '4대 집권자' 중에서 가장 잘생긴 인물이었을 것이다. 진 원제 사마예는 심지어 유량의 아름답고 눈부신 풍채 때문에 그의 누이동생을 황태자 사마소의 비로 들이기로 결정했다. 나중에 진 명제 사마소가 죽자, 선제의 유명을 받든 고명顧命대신은 그와 왕도 두 사람이었는데도 그가 국구國舅의 신분으로 조정을 관장하며 대권을 독차지했다.[5]

그러나 유량의 능력은 확실히 왕도, 환온, 사안보다 못했다. 그는 자기 고집만 밀어붙인 결과, 군대를 갖고 자중하던 지방관 소준이 반란을 일으키게 만들었다. 소준의 병력이 건강성 밑에 다다르자 유량은 할 수 없이 뺑소니를 쳤다. 우선 온교를 찾아갔다가 또 온교와 함께 도연명의 증조부인 정서대장군 도간에게 구원을 요청했다.[6]

그런데 도간은 유량을 죽일 생각이었다.

거기에는 이유가 없지 않았다. 사적으로, 도간은 고명대신의 명단
145 에서 자기가 빠진 것이 유량의 간계 때문이라고 생각했다. 또 공적으

---

4 『진서』 「반악전」 참고.
5 『진서』 「유량전」 참고.
6 『진서』 「소준전」과 「유량전」 참고.

로는 소준의 난이 일어난 것과 관련해 가장 책임이 큰 사람 역시 유량이었다. 그래서 대군을 이끌고 온교의 주둔지에 왔을 때 도간은 유량 형제를 죽이지 않으면 천하에 사죄하기에 부족하고, 또 유량 형제를 죽여야만 소준이 건강에서 철병할 것이라고 표명했다.[7]

물론 도간은 그런 말을 한 적이 없고 전부 사람들의 추측일 뿐이라고 주장하는 이도 있다. 하지만 유량이 당황하고 공포에 떤 것만은 분명하다. 사실 당시 그는 더 도망칠 가능성도 없었다. 그래서 온교의 권유를 받아들여 염치 불구하고 도간을 만나러 갔다.[8]

그런데 도간은 뜻밖에도 그를 관대히 봐주었다.

이 일도 역시 미스터리여서 아직까지 의론이 분분하다. 그중 가장 극적인 견해는 도간이 유량을 보자마자 그의 멋진 풍채에 매료되었다는 것이다. 그래서 즉시 태도를 바꾸었을 뿐만 아니라 그 잘생긴 인물을 좋아하고 중시하게 되었다고 한다.[9]

아름다움은 사람의 목숨도 구할 수 있다는데 이 일이 그 예증인 듯하다.

물론 이 일은 사실이 아닐 수도 있다. 비교적 신빙성 있는 견해는 유량이 도간 앞에서 솔직하면서도 적극적으로 소준의 난을 야기한 자신의 책임을 인정함으로써 도간이 자기도 모르게 생각을 바꾸고 칭찬을 했다는 것이다.[10]

그것이 가능한 일일까?

---

7 『세설신어』「용지」와 「가휼」참고.
8 도간이 유량을 죽이려 한 것은 『진서』「유량전」참고. 온교가 유량에게 도간을 찾아가 만나라고 건의한 것은 『세설신어』「용지」와 「가휼」참고.
9 『세설신어』「용지」참고.
10 『진서』「유량전」참고.

충분히 가능하다.

사실 이 사건은 이세의 누이동생 이야기와 판에 박은 듯이 똑같다. 그 이야기에서 진정으로 남강장공주의 마음을 움직인 것은 그 아가씨의 바닥까지 닿는 긴 머리와 옥 같은 피부였다기보다는 그녀의 담담한 표정과 처연한 어조였다. 혹은 죽음을 두려워하지 않는 그녀의 태도가 애처롭게 공주의 마음을 뒤흔들었다.

유량도 틀림없이 그랬을 것이다.

실제로 위진의 명사이자 조정의 재상인 유량에게 도량과 풍채는 그야말로 최소한의 자산이었다. 그가 소준과 싸우다가 패해 도망칠 때 수하의 병사가 화살을 잘못 쏴서 자기 배의 조타수를 맞힌 적이 있었다. 당시 사람들이 크게 놀라 짐승처럼 흩어지는데 오직 유량만은 침착하고 여유가 있었다.

"하하, 이런 솜씨로 어떻게 적병을 이기기를 기대할 수 있겠는가!"[11]

이것은 사안이 바다에서 보인 풍모와 완전히 일치한다.

심지어 만년이 되어서도 유량은 훌륭한 풍모를 유지했다. 소준의 난 이후, 유량은 중앙정부를 떠나 형주자사로 무창에 주재했다. 그리고 어느 날 밤, 한 무리의 명사들이 남쪽 누각에 모여 시를 읊고 노래를 짓는데 그들의 노랫가락이 점차 높아질 즈음, 유량이 시종 십여 명을 데리고 왔다. 다들 일어나 자리를 피하려고 하자 그가 말했다.

147 "다들 걸음을 멈춰주시오. 이 늙은이도 흥이 올랐소이다."

---

11 『세설신어』 「아량」 참고.

그래서 그 자리에 있던 사람들 모두가 즐거워했다.

그날 밤은 달이 밝고 바람이 맑은 가을밤이었으며 사람들은 전부 그날 즉흥적으로 나온 이들이었다. 그중에는 나중에 사마욱이 환온을 견제하려고 기용한 현학가 은호도 있었다. 유량은 명사들과 함께 아무 구속 없이 담소를 나누었다. 서늘하고 상쾌한 강바람이 그들의 고담준론과 웃음소리를 먼 곳으로 실어갔다.

멀리 건강에 있던 승상 왕도가 나중에 왕희지에게 그 일을 전해 들었다. 이야기를 다 듣고 왕도가 참지 못하고 물었다.

"그때 원규元規(유량의 자)의 풍채는 아마 예전만 못했겠지?"

그러나 왕희지는 의심할 여지가 없다는 듯이 잘라 말했다.

"홀로 구학丘壑(깊고 아득한 의경을 뜻함)이 있었습니다."[12]

그것은 대단히 높은 평가여서 왕도는 입을 다물 수밖에 없었다. 그런데 왕희지 등이 지극히 중시한 '구학'은 과연 무엇일까? 어떻게 마음속에 '구학'이 있기만 하면 풍채를 유지하고 남이 자신을 함부로 대하지 못하게 할 수 있었을까?

12 『세설신어』「용지」참고.

아름답게 산다는 것

구학은 심산유곡이다.

심산유곡은 은거를 하는 곳이다. 왕희지가 유량의 마음속에 "구학이 있다"고 한 것은 설마 그에게 은거를 할 마음이 있다고 말한 것일까?

그랬을 리는 없다.

유량은 당연히 무슨 은사가 될 생각이 없었으며 심지어 '큰 은사'로 조정에 숨어 살 가능성도 없었다. 이른바 "구학이 있었다"는 것은 단지 고요하고 초탈한 마음이 변함없이 옛날 그대로라는 뜻이었다. 그것은 위진 명사들이 반드시 갖춰야 하는 정신적 조건이었다. 명사 황제 사마욱조차 황궁의 원림을 심산유곡으로 간주했다.

그것은 사실 모순이었다.

우리는 위진이 사족의 시대였고 동진은 더더욱 그랬음을 알고 있다. 이른바 '사족'이란 대대로 공부하여 관리가 된 가문이다. 이런 족속 또는 계층이 산림에 은거하는 것을 마음에 품는다니 어찌 괴이한 일이 아니겠는가?

당연히 괴이한 일이긴 하지만 그것을 간단히 '허위'였다고 할 수만은 없다. "귀인이 탄 수레의 먼지를 보고 절한" 반악도 「한거부閑居賦」를 꼭 거짓 감정으로 지은 것은 아니었다. 아마도 그는 확실히 고기를 낚고 채소를 심는 그런 은거 생활을 원한 적이 있었을 것이다. 그러나 고관대작의 유혹을 뿌리칠 수가 없었다. 그것은 담으로 에워싸인 성과도 같아서 바깥에 있는 사람은 들어가고 싶어하고 안에 있는 사람은 나가고 싶어했는데 어느 쪽이 더 진실했는지는 말하기 어렵다.

실제로 위진 명사들 사이에서는 관리가 되는 것과 은거를 동경하는 것이 결코 모순이 아니었다. 죽림칠현의 한 사람인 산도는 마지막에 사도司徒가 되어 지위가 삼공에 이르지 않았는가? 또 유량에게 "구학이 있다"고 찬양했던 왕희지도 우장군이라는 고위직을 맡아 '왕우군王右軍'이라고 불리지 않았는가?

전혀 갈등이 없었다고는 말할 수 없다. 혜강의 아들 혜소는 한때 출사와 은거 사이에서 고민했다. 그것은 당연히 정치적 원인 때문이었다. 어쨌든 사마씨 정권은 그에게 아버지를 죽인 원수였다. 그러나 혜강의 부탁으로 그를 키운 산도의 생각은 달랐다.

"천지간에 해와 달조차 차고 기울면서 다채롭게 변화하고 사계절도 **150**

차례로 바뀌는데 하물며 사람의 일은 어떻겠느냐?"[13]

이 말뜻은 분명하다. 왕조가 바뀌는 것은 큰일이 아니라는 말이다.

혜소는 결국 서진의 관리가 되었고 나아가 유명한 충신이 되었다. 팔왕의 난 때 시중이었던 그는 앞장서서 진 혜제 사마충을 지키다가 어가 옆에서 변고를 당했다. 나중에 시종이 옷을 갈아입혀줄 때 진 혜제는 말했다.

"짐의 이 옷은 빨지 말라. 여기에는 혜 시중의 피가 묻어 있다!"[14]

진 혜제는 역대로 '바보 황제'라고 알려졌다. 그런데 지금 보면 그가 아이큐는 높지 않았을지라도 이큐는 틀림없이 낮지 않았다.[15]

문제가 된 것은 오히려 아이큐가 높은 이들이었다.

사실 처음부터 혜소의 출사와 죽음을 무릅쓴 절개는 논란의 대상이 되었다. 논란의 초점은 충과 효, 출사와 은거의 관계에 모아졌다. 생각 있는 사람들이 보기에 혜소는 아예 서진에 출사하지 말았어야 했다. 출사를 하면 반드시 충성을 다해야 하는데 혜소가 서진에 충성할수록 그것은 아버지에 대한 불효였기 때문이다. 그래서 혜소를 진 무제에게 추천한 산도까지 욕을 얻어먹었다.[16]

그런데 그것이 중요한 일이었을까?

꼭 그렇지는 않았다. 왜냐하면 유가 윤리가 위진풍도를 대표하지는 않았기 때문이다.

151 그러면 위진풍도의 핵심적인 의미는 무엇이었을까?

---

13 『세설신어』「정사」 참고.
14 『진서』「혜초전」 참고.
15 뤼쓰몐 선생은 진 혜제의 아이큐가 높지 않았다고 한 것조차 중상모략의 거짓일지도 모른다고 생각했다. 뤼쓰몐, 『중국통사』 참고.
16 혜소를 비판한 사람으로는 곽상郭象, 사마광, 주희朱熹, 왕부지王夫之, 고염무顧炎武 등이 있다. 이 부분은 논의하지 않기로 한다.

사람은 아름답게 살아야 한다는 것이었다.

확실히 위진은 유미주의의 시대였다. 위진 사람들이 보기에 인물의 아름다움은 '아름답게 생긴 것'뿐만 아니라 '아름답게 사는 것'이었다. 그것은 당연히 쉽지 않은 일이었다. 이를 위해서는 용기가 필요했고 또 대가를 치러야 할 수도 있었다.

하후현夏侯玄을 예로 들어보자.

하후현은 위진 현학의 선구자 중 한 사람이면서 조씨의 위나라와 사마씨 집단의 정치투쟁이 낳은 희생양이었다.

사실 그는 사마사에 의해 살해되었다. 사법 절차는 그저 시늉일 뿐이었다. 당시 사건을 맡은 사람은 서예가 종요의 아들이자 당시 정위廷尉(경찰청장)였던 종육鍾毓이었다.

그것은 제국의 심판관에게는 전혀 체면이 안 서는 심문이었다. 하후현은 심문실에 들어간 순간부터 한마디도 하지 않았다. 혹형을 받은 뒤에도 역시 한마디도 하지 않았다. 종육은 사건을 마무리할 수가 없어서 어쩔 수 없이 친히 현장에 나가야 했다.

당시 종육을 수행한 사람 중에는 그의 동생도 있었다. 그는 바로 나중에 혜강을 죽인 종회였다. 분위기를 누그러뜨리고 싶었는지, 아니면 친한 척을 하고 싶었는지 종회가 주제넘게 나서서 하후현의 손을 꼭 붙잡고 말했다.

"태초太初(하후현의 자)가 어찌 이 지경이 되셨소?"

그러나 하후현은 전혀 응하지 않고 종회에게 딱 잘라 말했다.

"제가 형을 받은 죄인이기는 해도 종군鍾君은 예의를 좀 지켜주시오."

종회는 심하게 낭패를 보았다.

정위인 종육은 더 낭패스러웠다. 사마사가 정해준 기한이 곧 끝나기 때문이었다. 어떤 방법도 통하지 않아 안절부절못하던 그는 할 수 없이 직접 붓을 잡고 사마소의 요구 조건에 맞춰 하후현의 자술서를 대필했다. 그러고서 눈물을 흘리며 하후현에게 보여줬더니 하후현은 쓱 한 번 훑어보고는 차갑게 말했다.

"설마 이랬었단 말인가?"

그 후에 형장에 올라갔을 때, 하후현은 전혀 안색의 변화가 없었다.[17]

이에 대해 사람들은 순전히 도덕적 찬양과 평가를 할 수도 있다. 기백이 있었다거나 절개가 있었다거나 뜻을 굽히지 않았다는 등의 말이 그런 부류에 속한다. 하지만 시각을 바꿔보면 "아름답게 살았다"고도 말할 수 있다. 그렇다. 태도를 논하자면 절도가 있었고 풍모를 논하자면 아름다웠다.

실제로 하후현은 잘생긴 인물이기도 했다. 당시 사람들은 그를 가리켜 "해와 달을 품에 안은 듯 눈부시다"라고 평했다. 그의 잘생긴 용모는 심지어 위 명제 조예를 난처하게 만들기도 했다. 조예가 자신의

153

---

17 『삼국지』 「하후현전」과 배송지주의 『세어』 인용문, 『세설신어』 「방정」 유효표주의 『세어』 인용문, 원굉袁宏의 『명사전』 참고. 『명사전』에서는 하후현의 손을 잡은 사람이 종육이라고 했지만 유효표주에 따르면 종회임이 틀림없다.

손아래 처남인 모증毛曾을 하후현과 나란히 앉혔는데 논자들에게 "갈대가 옥수玉樹 곁에 기대어 있다"라는 말을 들었기 때문이다.[18]

이 이야기는 다시 혜소를 떠올리게 한다.

혜소도 마찬가지로 아름답게 살았다. 그가 진 혜제를 지키려고 전선에 나갈 때, 누가 그에게 준마를 타고 가라고 권했다. 그러나 혜소는 이를 거절했다.

"이번 일은 두 가지 결과가 있을 뿐이오. 역적을 처단하거나 충신으로 절개를 지키다 죽는 것뿐이오. 그런데 준마를 타고 가는 것이 무슨 소용이 있겠소?"

그 사람은 말문이 막혀 탄식만 했다.[19]

혜소는 원래 잘생긴 인물이기도 했다. 후대에 '학립계군鶴立鷄群'이라는 고사성어를 남겼을 정도다. 이 고사성어에 담긴 이야기는 이렇다. 누가 죽림칠현의 한 사람인 왕융에게 말했다.

"혜소는 정말 잘생겼구려! 당당하고 빼어난 풍채가 마치 닭 무리 속에 학 한 마리가 서 있는 것 같소."

그런데 왕융은 이렇게 말했다.

"그건 당신이 그의 아버지를 못 봐서 그렇소!"[20]

그러면 혜강은 대체 얼마나 잘생긴 인물이었다는 것일까?

하후현과 같은 사건으로 희생된 이풍李豐도 마찬가지였다. 다만 하후현은 '옥수玉樹'라고 불렸고 이풍과 혜강은 '옥산玉山' 또는 '곧 무너질

154

18 『세설신어』 「용지」 참고.
19 『진서』 「혜소전」 참고.
20 『진서』 「혜소전」과 『세설신어』 「용지」 참고.

듯한 옥산'으로 불렸다. 당시 사람들의 말로는 이풍이 힘이 없을 때나 혜강이 고주망태가 되었을 때는 마치 옥산이 와르르 무너질 것 같은 모습이었다고 한다.[21]

그것이 어떤 풍채와 풍격이었는지 능히 짐작할 만하다.

사실 옥수처럼 아름다운 사람이 한 명 더 있었다. 그는 바로 유량이었다. 유량이 죽은 뒤, 장례식에 온 한 명사가 매우 애통해하며 말했다.

"옥수를 이렇게 황토에 묻어야 하니 어떻게 참을 수 있겠는가!"[22]

과연 어떤 사람이 이런 평가를 받을 수 있을까?

바로 맑고 준수한 외모와 편안하고 우아한 풍채 그리고 밝고 솔직한 마음과 한 점 부끄러움 없이 초탈한 처세술을 가진 사람이다. 이런 사람을 왕융은 '풍진외물風塵外物'(세속을 초탈한 인물)이라 불렀다.[23]

그런데 이 기준에 따르면 유량은 자격이 부족한 사람이었던 것 같다. 사안의 백부 사곤謝鯤(자가 유여幼輿)이 바로 그렇게 생각했다. 한번은 아직 태자였던 진 명제 사마소가 그에게 물었다.

"사람들이 유량과 귀하를 비교하던데 귀하의 생각은 어떻습니까?"

사곤이 말했다.

"조정 높은 곳에 처해 백관의 모범이 되는 것은 신이 유량만 못합니다. 하지만 강호 먼 곳에 처하여 언덕과 골짜기마다 정을 기탁하는 것은 유량이 신만 못합니다."[24]

---

21 『세설신어』「용지」 참고.
22 『세설신어』「상서傷逝」 참고.
23 『세설신어』「상예」 참고.

이 이야기는 아마 사실이었을 것이다. 팔왕의 난 때 장사왕 사마예가 사곤을 매질하라는 명을 내렸을 때, 사곤은 담담히 옷을 벗고 형을 받으면서 전혀 안색이 변하지 않았다. 그리고 나중에 사면을 받았을 때도 기쁜 기색을 드러내지 않았다. 이렇게 태연히 대처할 수 있었던 것은 아마도 마음속에 '구학'이 있었기 때문일 것이다. 그래서 훗날 고개지顧愷之는 그림을 그릴 때 아예 사곤을 바위 속에 그려 넣었다. 이 중국의 다빈치는 말하길, "유여 선생은 마땅히 심산유곡 속에 있어야 한다"라고 했다.[25]

그러나 사곤은 사실 조정에 있었다. 그도 유량도 심산유곡은 마음속에나 숨기고 있었을 것이다. 문제는, 사람이 아름답게 살아야 한다면 그것이 자연과 무슨 관계가 있느냐는 것이다. 그런 감정과 잠재의식이 당시 유행이 되었다고 한다면 그것은 무엇을 의미했을까?

아마도 우리는 사곤의 눈을 빌려야 할 것 같다.

---

24 『진서』「사곤전」과 『세설신어』「품조」 참고.
25 『세설신어』「교예巧藝」 참고.

인간과 자연

사곤이 가장 마음에 들어한 사람은 혜소를 제외하면 바로 위개衛玠였
다.[26]

'개玠'는 옥으로 만든 일종의 제사 도구다. 위개도 그 이름과 마찬가
지로 옥처럼 아름다웠다. 전하는 이야기에 따르면 그가 소년일 때 흰
양이 끄는 수레를 타고 낙양성에 나서면 거리의 사람들이 "저 옥벽玉
璧(가운데에 구멍이 뚫린 납작하고 둥근 제사 도구) 같은 아이는 대체 어느 집
아이지?"라고 모두 궁금해했다고 한다.

이때부터 위개는 '옥인玉人'이라 불렸다.

안타깝게도 이 옥 같은 인물은 남들의 그런 시선을 견디지 못했다.
스물일곱이 되던 해에 건강에 갔다가 사면팔방에서 구름처럼 몰려
드는 구경꾼들에게 시달린 끝에 숨을 거두고 말았다. 당시 사람들은
그 일을 가리켜 "위개를 눈으로 죽였다"고 말했다.[27]

---

26 사곤이 혜소와 위개를 마음에 들어한 것은 『세설신어』 「상예」 참고.
27 위의 내용은 『진서』 「위개전」, 『세설신어』 「용지」와 유효표주의 「개별전玠別傳」 인용문 참고.

물론 옥처럼 아름다웠던 이는 위개만이 아니었다. 하후현과 유량은 옥수였고 이풍과 혜강은 옥산이었다. 이밖에도 왕융과 나란히 이름을 날리던 배해裴楷, 하후현의 먼 친척 조카 하후담夏侯湛 그리고 미남 반악까지 모두가 '옥인'이라 불렸다. 또 하후담과 반악은 따로 '연벽連璧'(쌍벽을 뜻함)이라 불리기도 했다.[28]

이렇게 보면 사람을 옥에 비유하는 것이 당시 유행이었음을 알 수 있다.

그렇다면 위진 명사들은 왜 그렇게 옥을 중시했을까? 아마도 옥의 성질이 순결하고 고귀하기 때문이었을 것이다. 실제로 그것이 바로 위진풍도가 추구하는 바였고 그런 유행을 만든 주체는 사족이었다. 사족이라는 개념은 늘 다른 민족과 국가의 역사학자들에게 어려움을 안기곤 한다. 그들의 담론 체계 안에는 번역이 가능한, 상응하는 단어가 없기 때문이다. 그래서 어쩔 수 없이 '귀족'을 대체어로 사용하곤 한다.

그러나 사족과 귀족 사이에는 등호를 그을 수 없다. 가장 근본적인 차이는 귀족에게는 세습되는 작위가 있는데 사족에게는 없다는 데에 있다. 그들에게는 심지어 중세 유럽의 기사처럼 군주가 어깨에 검을 올려주는 책봉 의식도 없었다. 그래서 사족은 서로 간의 정체성을 확인하고 다른 계급과 종족 집단과의 구별을 위해 족보뿐만 아니라 풍격과 내적 정신에도 의지해야 했다.

---

28 『세설신어』「용지」참고.

그러면 어떤 정신과 풍격이 사족을 대표할 수 있었을까?

고귀함과 청순함이었다. 고귀함은 비천한 자와 구별되기 위해, 청순함은 혼탁한 자와 구별되기 위해 경계선이 그어졌다. 이 두 가지 중하나라도 빠지면 곤란했다. 사족은 우월 의식이 강한 계층이었기 때문이다. 그들의 결혼은 반드시 양가의 수준이 맞아야만 했고 신분이 안 맞는 사람과는 한자리에 앉지도 않았다. 그 사람이 설령 황제의 친척이어도 마찬가지였다. 모증이 옥수에 기댄 갈대라는 소리를 들은 이유 중 하나는 그가 비천한 가문 출신이었기 때문이다.

비천한 가문 출신은 궁상맞게 마련이고 궁상맞은 자는 필경 기개와 품위가 없다는 것이 고급 사족의 관념이었다. 그런 관념이 반드시 정확하고 합리적이지는 않았지만 명문 사족은 한사코 그것을 고집했다. 그 결과, 고관 환온은 아들의 아내감으로 왕탄지의 딸에게 구혼을 하고도 왕탄지의 아버지 왕술王述에게 거절을 당했고 사안의 가문은 서진 이전에 일류 사족이 아니었다는 이유로 '신출내기 가문'이라고 비웃음을 샀다.[29]

그런데 사족의 우월감은 혈연적인 것이면서 한 걸음 더 나아가 문화적인 것이기도 했다. 그래서 그들이 더 신경 쓴 것은 고귀하고 비천한 것이 아니라 청순하고 혼탁한 것이었다. 이는 후한 말에 형성되기 시작한 관념이었는데, 일반적인 이해는 대체로 정직함과 우아함과 학자가 청순한 것이고 사악함과 비속함과 벼락부자가 혼탁하다는 것이

[29] 『세설신어』 「방정」과 「간오」 참고.

었다.

청순하고 고귀한 것을 가리켜 청고清高하다고 말하기도 했다.

그래서 자신의 품행과 품위를 지키면서 집권자 및 벼락부자와 한 패가 되지 않는 사대부를 청류清流라고 했다. 또 그들의 명망을 청망清望, 그들의 품격을 청표清標, 그들의 의견을 청의清議라고 했으며 그들이 일으키는 먼지조차 청진清塵이라고 불렀다.

이들은 반드시 비범하고 탈속적이어야 했다.

그래서 위진 명사들이 편애한 대상과 형체와 이미지는 청순하거나 밝거나 투명하거나 단아하거나 산뜻했다. 더욱이 그것들은 거의 빠짐 없이 인물에 대한 감상과 품평에 사용되었다. 예를 들어 "빼어난 것은 솟아오르는 아침놀 같고, 해맑은 것은 봄철의 버드나무 같고, 탁 트인 것은 널따란 집 같고, 눈빛이 형형한 것은 바위 아래의 번개 같고, 소슬한 것은 소나무 아래 부는 바람소리 같다軒軒如朝霞擧, 濯濯如春月柳, 朗朗如百間屋, 爛爛如巖下電, 肅肅如松下風"라고 표현했다.[30]

그렇다. 어떤 사람이 솟아오르는 아침놀처럼 기개가 헌앙하고 봄버들의 푸른 신록처럼 맑고 참신하며 또 크고 높은 건물처럼 시원시원하면서도 바위 아래 번뜩이는 번개처럼 눈빛이 빛난다면 그것은 실로 얼마나 뛰어난 풍채인가!

또한 청풍명월清風明月, 즉 맑은 바람과 밝은 달은 거의 위진풍도의 상징이나 다름없었다.

160

---

30 각기 『세설신어』 「용지」와 「상예」 참고. 아래의 주석 없는 부분도 동일.

그런데 더 주의해야 할 것은 소나무다.

소나무는 원래 도덕의 상징이다. 추운 겨울에도 그 푸른 색깔을 잃지 않는 성질 때문이다. 이런 상징적 의미는 위진시대에도 있었다. 화교和嶠라는 대신은 "천 길 소나무처럼 무성하다森森如千丈松"는 평을 들었는데 이는 국가의 동량이라는 뜻이었다. 그래서 그의 죽음은 "우뚝 솟은 천 길 소나무가 넘어진 것 같구나峨峨如千丈松崩"라고 평해졌다.[31]

화교보다 먼저 그런 호평을 받은 사람은 이응李膺이었다. 이응은 후한 명사들의 우두머리로서 당시 명사 순위를 휩쓴 '팔준八俊'의 으뜸이었다.(이중톈 중국사 9권 『두 한나라와 두 로마』 참고) 그가 얻은 평가는 "소나무 아래 부는 세찬 바람처럼 기운차다謖謖如勁松下風"[32]는 것이었다.

그것은 풍골風骨(완강한 기질과 풍격)의 상징이었다.

혜강도 유사한 평가를 받았다. 산도는 혜강이 평소에는 외로운 소나무가 우뚝 선 것 같고 취해서 비틀대면 옥산이 곧 무너질 것 같다고 했다. 또 다른 사람은 혜강이 "소나무 아래 부는 바람처럼 소슬하면서도 높고 느릿느릿하다肅肅如松下風, 高而徐引"고 했다. 다시 말해 이응의 바람이 세차게 분 반면, 혜강의 바람은 천천히 여유롭게 불었다. 확실히 혜강의 '소나무 아래 바람'이 더 멋스럽고 자유분방한 맛이 있다.[33]

사실 이것이 후한과 위진의 차이였다. 즉 후한은 도덕을 더 중시했고 위진은 심미를 더 중시했다. 그리고 심미의 전제는 '구학'을 갖고

161

---

31 『세설신어』 「상예」와 「상서」 참고.

32 『세설신어』 「상예」 참고.

33 『세설신어』 「용지」 참고.

있는 것이었다. 누가 빼어나고 잘생기면 "긴 소나무 아래 맑은 바람이 분다長松下當有淸風"고 하고, 또 사람들이 산도를 보고서 "산에 올라 아래를 내려다보는 것登山臨下" 같지만 "그윽하고 심원하다幽然深遠"고 느낀 것은 다 그만한 이유가 있었던 것이다.[34]

이것이 바로 아름답게 사는 것이었다.

그리고 그 아름다움은 대자연을 닮았다.

위진 명사들의 자연에 대한 사랑은 분명히 이전 시대 사람들을 능가했다. "날짐승과 들짐승과 물고기가 스스로 사람에게 다가올 것이다"라는 간문제의 한마디가 그들의 마음을 대변한다. 그들은 맑은 바람과 밝은 달, 봄버들과 소나무로 인물을 품평했으며 나아가 직접 대자연 속에서 표현하기 힘든 희열을 체험했다.

고개지와 왕헌지王獻之를 예로 들어보자.

고개지는 화가이고 왕헌지는 서예가였지만 그들은 둘 다 회계군會稽郡 산음현山陰縣(지금의 저장성 사오싱紹興) 일대의 산수를 좋아했다. 그곳에 대해 고개지는 "바위들이 수려함을 겨루고 계곡물이 앞다퉈 흐르며 초목이 그 위를 덮은 것이 마치 구름이 일고 놀이 모인 듯하네千巖競秀, 萬壑爭流, 草木蒙籠其上, 若雲興霞蔚"라고 했고 왕헌지는 "산음의 길을 걸으면, 산과 강이 서로를 비춰, 눈앞이 어지러울 정도네. 가을에서 겨울로 옮겨갈 즈음에는, 더더욱 잊기 힘드네從山陰道上行, 山川自相映發, 使人應接不暇, 若秋冬之際, 尤難爲懷"라고 했다.

두 사람은 예술가여서 당연히 감수성이 예민했다. 하지만 이런 감수성은 아주 특수한 것만은 아니다. 예를 들어 한 승려는 건강에서 회계로 돌아오다가 오중吳中에서 눈을 만났는데 나중에 당시의 정경을 시적으로 묘사하길, "교외에는 아직 눈이 펄펄 날리는데 산림은 온통 새하얗다"라고 했다.[35]

이런 글들에 대해서는 어떠한 해석도 불필요한 듯하다. 단지 이미 과거의 『시경』과 『초사』의 풍경 묘사와는 완전히 달라졌다는 점만은 꼭 지적하고자 한다. 『시경』과 『초사』에서 자연과 자연현상은 그저 인물이나 이야기의 배경에 불과했다. 그런데 이 글들에서는 독립적이고 순수한 심미적 대상이 되었다.

마찬가지로 위진시대 사람들의 눈에 비친 자연계는 더 이상 공자의 도덕적 상징도, 동중서董仲舒의 정치적 도구도 아니었다. 그것은 현실 생활 속의 인물과 마찬가지로 감상과 품평의 대상이었다. 다만 좀더 아름다운 대상일 뿐이었다.

천인합일天人合一, 즉 자연과 인간은 여전히 하나였지만 그 의미는 달라졌다.

이것은 중국 문명사의 일대 전환이었다. 인간과 자연의 관계가 도덕적, 정치적 관계에서 심미적 관계로 바뀌었고 이로 인해 탄생한 문명의 성과가 바로 산수화와 산수시였다. 그것들은 수당 이후에 비로소 장관을 이루기는 하지만 관념상의 기원은 의심의 여지 없이 동진

---

35 『세설신어』 「언어」 참고.

이었다.

이런 변화는 그리 이상할 것이 없다. 위진시대는 유미주의의 시대였고 가장 아름답게 사는 법은 자연스럽게 사는 것이기 때문이었다. 실제로 위진 사람들은 자연계를 열렬히 사랑했다. 자연계야말로 자연스럽기 때문이다. '자연自然'은 "원래 그러해서 인위적인 조작이 필요 없다"는 뜻이다. 이런 속성을 실현할 수 있는 것은 역시 자연계뿐이다. 그래서 근대 일본인들이 'nature'를 '자연'으로 번역한 것은 매우 자연스러운 일이다.

그러나 중국의 산수화를 서양의 풍경화로 이해하면 안 되는 것처럼 위진의 자연에 대한 발견도 과학과는 무관했다. 그들의 눈에 자연계는 여전히 인류사회의 일부로서 인간의 의지와 감정을 함유했다. 그래서 그들이 더 이상 자연계를 도덕화하거나 정치화하지 않게 된 후로 발전하기 시작한 것은 자연과학이 아니라 다른 두 가지 정신문명이었다.

그것은 바로 철학과 예술이었다.

위진의 월드컵

위진의 철학은 현학이었고 현학의 표현은 청담이었다. 청담과 유미주의는 당시의 양대 기풍이었다. 동진의 4대 집권자인 왕도, 유량, 환온, 사안을 비롯해 앞에 나온 미남 하후현까지 모두 청담가였다. 옥인 위개는 남들의 쏟아지는 눈길에 죽었을 뿐만 아니라 하마터면 말을 하다가 죽을 뻔하기도 했다.

위개는 서진이 전란에 휩싸였을 때 어머니를 모시고 남하했다. 그는 먼저 강하江夏(지금의 후베이성 우한武漢)에 갔다가 그다음에 예장豫章(지금의 장시성 난창南昌)으로 갔고 마지막에 건강에 가서 남들의 눈길을 받아 죽었다. 그런데 그는 구경꾼들에게 둘러싸이기 전에 이미 큰 병을 앓은 적이 있는데 그것은 사곤을 만났기 때문이었다.

고개지가 바위 속에 그려 넣은 사곤은 야심가 왕돈의 수하였다. 당시 왕돈은 예장을 지키고 있었는데 위개는 그를 방문했다가 사곤을

165

만나 의기투합했다. 결국 위개는 왕돈은 돌아보지도 않고 사곤과 현학에 관해 며칠 밤을 새며 토론을 하다가 쓰러졌는데 어떤 약도 듣지 않았다.

위개의 사인은 '과로사'였던 것 같다. 그는 건강에서 아마도 병상이나 수레에 누운 상태에서 사람들에게 둘러싸였던 듯하다. 중병에 걸린 상태에서도 그렇게 열광적인 성원을 받았으니 그는 정말 대단히 아름다운 미남이었을 것이다.

위개에게 외면을 받은 왕돈의 반응도 아름다웠다. 당시 그는 사곤에게 이렇게 말했다.

"옛날에 왕필王弼의 말도 깊이가 있었지만 이번에 위개의 청담도 그에 못지않더군."

그것은 매우 높은 평가였다. 왕필은 위진 현학의 창시자 중 한 사람이었기 때문이다. 그가 청담 모임에 끼면 거의 적수가 없어서 어쩔 수 없이 자문자답을 해야 했다.

안타깝게도 왕필은 위개보다 더 단명했다. 겨우 스물네 살에 죽었다.

어쨌든 스물일곱 살에 죽은 위개도 마찬가지로 감수성 예민한 소년 천재였다. 전해지는 이야기에 따르면 그는 성년이 되기 전에 각종 철학적 문제를 사유했고 또 당시의 미남이자 현학가였던 악광樂廣을 찾아가 가르침을 청했다고 한다.

위개가 물었다.

"꿈은 무엇입니까?"

악광이 답했다.

"생각이다."

"꿈속의 일은 겪은 바도 없는 것들인데 어째서 생각입니까?"

위개의 물음에 악광이 또 답했다.

"인연이다."

어린 위개는 아무리 생각해도 인연이 무엇인지 몰라 그 스트레스로 병이 났다. 그 소식을 듣고 크게 놀란 악광은 즉시 수레를 타고 위개의 집에 가서 자세히 설명해주었다. 위개는 그제야 병이 호전되었다.

이 일로 크게 감명을 받은 악광은 위개가 성년이 되자 자기 딸을 그에게 시집보냈다. 장인과 사위가 둘 다 똑똑하고 용모가 뛰어났기 때문에 세간에서는 그들을 가리켜 한 사람은 얼음처럼 맑고(악광) 한 사람은 옥처럼 매끄럽다(위개)고 했다.[36]

미모와 지성이 뜻밖에도 이렇게 긴밀하게 결합되었다.

악광이 당시 위개에게 뭐라고 설명을 했는지는 모르지만 악광의 청담 수준은 의심할 여지가 없었다. 한번은 어떤 손님이 그와 『장자』에서 제시된 '지불지旨不至'의 문제에 관해 토론한 적이 있었다. 이 말은 개념과 사물이 서로 완벽하게 대응하는 것은 불가능하다는 의미로서 '지불지指不至'(언어에 담긴 개념은 사물의 원래 의미를 다 지시하지 못한다는 뜻)라고 불렸다. 또 그 대응은 끝이 없다고 하여 '지불절至不絶'이라고도 불

167

---

36 위의 내용은 『삼국지』「왕필전」, 『진서』「위개전」과 「악광전」, 『세설신어』「문학」과 「언어」 유효표주의 「개별전」 인용문에서 종합적으로 소재를 취했다.

렸다. 그래서 인간의 인식도 영원히 그치지 않아 진리의 피안에 다다르는 것은 불가능하다는 것이었다.

그런데 개념과 사물이 서로 완벽하게 대응하지 않는다면, 그래서 진리의 피안에 도달할 수 없다면 진리를 추구할 필요가 없지 않은가? 또한 그래도 우리는 개념을 사용하여 어느 정도는 인식을 하지 않는가? 도대체 개념과 사물, 인식과 진리는 서로 어떤 관계일까?

손님은 이해가 가지 않아 악광에게 가서 물었다.

그런데 악광은 주미麈尾를 들었다.

'주麈'는 사슴떼의 우두머리를 뜻한다. 사슴떼는 전부 우두머리 사슴이 꼬리를 흔드는 모양을 보고 움직인다. 그래서 주미는 지휘봉의 의미가 있다. 명사들이 손에 들던 주미는 깃털 부채나 먼지떨이와 비슷해서 손잡이와 사슴털이 달려 있었다. 그것은 청담을 할 때 사용하던 도구로서 나중에는 청담의 우두머리와 고급 사족의 신분을 나타내는 징표가 되었다. 그리고 이때 악광은 그것을 이치를 설명하기 위한 도구로 삼았다.[37]

손님이 물었다.

"의미에 닿을 수 있습니까, 없습니까?"

악광이 주미를 탁자에 대고 물었다.

"닿았는가, 닿지 않았는가?"

손님이 말했다.

---

37 주미의 모양에 관해서는 뤄위밍의 『세설신어정독』과 이 책의 부운자傅芸子, 『정창원고고기正倉院考古記』 인용문 참고.

"닿았습니다."

악광이 다시 주미를 옆으로 옮기며 말했다.

"기왕에 닿았는데 어떻게 가져갈 수 있겠는가?"

손님은 크게 깨닫고 머릿속이 환해졌다.

이것이 곧 전형적인 청담이다. 사실 위진의 청담이 매번 이렇게 심오한 철학적 문제를 다룬 것은 아니지만 확실히 철학적 이치와 지혜가 충만했던 것은 사실이다. 그래서 그것은 위진시대에 절대 무시할 수 없는 일로 간주되었다. 일류 청담가들의 모임은 오랜 세월이 지난 뒤에도 이야기가 전해지며 칭송을 받았고 두각을 나타낸 명사는 국제적인 스타처럼 인기를 끌었다.

은호를 예로 들어보자.

은호는 나중에 사마욱이 환온을 견제하려고 등용한 인물이다. 그의 정치적, 군사적 능력은 그저 그랬지만 청담에 능하여 대단한 명성을 누렸다. 그래서 그가 젊은 시절 유량의 부하로 건강에 갔을 때 왕도는 승상의 신분인데도 그를 위해 따로 청담회를 열고 휘장 틀에 걸어둔 주미를 직접 끌러 그와 대담을 했다. 그 모임은 삼경三更(밤 11시부터 새벽 1시)이 되어서야 겨우 끝이 났다.

그 청담회의 내용은 지금 알 길이 없지만 틀림없이 꽤 훌륭했을 것이다. 이튿날 아침에 환온이 돌아보고 평한 말에 따르면 그 모임에서는 시종일관 아무도 이야기에 끼지 못했고 듣고 이해한 사람도 환온

169

자신과 사안의 사촌 형 사상謝尙밖에 없었다고 했기 때문이다. 다른 두 명사는 그저 강아지처럼 얌전히 기다리고만 있었다고 한다.

그러나 왕도는 지위가 높았고 은호는 유량과 관계가 친밀했다. 그래서 논쟁을 벌일 때도 틀림없이 예의를 차렸을 것이며 은호는 더더욱 조심했을 것이다. 하지만 은호가 유담과 논쟁을 벌이면서 불꽃이 튀기기 시작했다. 또 손성孫盛이라는 또 다른 청담가와 논쟁을 할 때는 양쪽 다 있는 힘껏 주미를 휘둘렀다. 그 결과, 차려놓은 음식이 식어서 다시 데우고, 데운 음식이 또 식어버렸으며 그 위에 사슴털이 수북이 내려앉았다.

당시 사람들은 이런 논쟁을 '극담劇談'이라고 불렀다.

사실 꼭 극담이 아니더라도 그 모임에 있던 사람들은 긴장을 풀지 못했을 것이다. 청담의 지식과 지혜는 수준이 대단히 높아서 이해를 못하거나 따라가지 못하면 체면이 깎이기 때문이었다. 그래서 사상은 은호에게 가르침을 청할 때 겨우 몇 마디를 들었을 뿐인데도 등이 땀에 젖었다. 은호는 여유 있게 말했다.

"여봐라, 누가 수건을 가져와 사랑謝郎의 땀을 닦아드려라."[38]

하지만 그래도 위진 명사들은 청담의 모임을 쫓아다녔다. 사실 청담은 풍류 인사들이 재주와 총명함을 과시하는 수단이면서 상류사회의 중요한 사교활동이었다. 그래서 노련하고 신중한 왕도도, 소탈하고 대범한 유량도, 야심만만한 환온도, 침착하고 냉정한 사안도 청담 **170**

---

38 위의 내용은 모두 『세설신어』 「문학」 참고.

에 몰두했다. 그것은 곧 그들의 삶의 취미이자 생활방식이었기 때문이다.

청담은 명사들의 월드컵이었다.

그것은 이상한 일이 아니었다. 위진은 사족의 시대였고 사족은 지식의 습득과 지혜의 소유를 통해 특권계층이 되었기 때문이다. 자신들의 문화적 우월성을 과시하기 위해서, 또 자신들의 사회적 영향력을 확대하기 위해서 그들은 청담의 힘을 빌렸다. 왕후장상의 신분이었던 사마욱도 예외는 아니었다.

이것을 알고 나면 위진 현학을 이해하기가 어렵지 않다.

현학은 물론 '중국식 철학'이기도 했는데 처음에는 『논어』 같은 유가 경전에 새롭게 주석을 다는 등 유학의 외피를 뒤집어쓰고 있었다. 그러나 세계관에서나 방법론에서나 현학과 유학은 판이하게 달랐다. 우리는 심지어 공자가 원하는 것은 현학이 원치 않았고 공자가 원치 않는 것은 현학이 원했다고 말할 수 있다.

그렇다면 현학과 유학의 차이는 무엇이었을까?

칸트의 용어를 빌리자면 유학은 실천이성적이었고 현학은 순수이성적이었다. 유가는 정치와 윤리 같은 현실적이고 세속적인 문제를 사유했지만 현학은 그런 것에는 관심이 없었다. 실제로 현학의 '현玄'은 심오하고 비현실적인 연구 주제를 뜻했다. 예를 들면 세계의 본체는 무엇이며 사유의 방법은 또 무엇인가 등이었다.

현학은 형이상학적이었고 유학은 형이하학적이었다.

그래서 궁극적으로 유학은 실천을 지향했지만 현학은 말에 그쳤다. 이에 "청담이 나라를 그르친다"는 비판이 나오기도 했다. 하지만 이에 대해 사안은 코웃음을 치며 말했다.

"진나라는 상앙商鞅을 등용하고 공허한 말을 숭상하지 않았는데 어째서 2대 만에 망한 것이지?"[39]

사실 위진의 청담가 중에는 실천가가 적지 않았다. 그들이 현학을 좋아한다고 해서 결코 비현실적이지는 않았다. 심지어 세계의 본체가 있는지 없는지 꼭 알려고 하지도 않았다. 단지 그 고담준론 속에 깃들고 구현되는 지혜를 즐기고 좋아했을 뿐이다. 어쨌든 똑똑하기 짝이 없는 사람들이 한데 모여 주미를 휘두르며 논쟁을 벌였는데 그것이 우아하고 수준 높은 두뇌게임이 아니었을 리가 없지 않은가?

그렇다. 그것은 일종의 삶의 방식이자 태도였다.

그런 태도는 철학적인 동시에 예술적이었다.

무현금

도연명의 거문고에는 줄이 없었다고 한다.

그가 왜 그런 무현금을 갖고 있었는지는 알려져 있지 않다. 물론 음악을 잘 몰랐거나 대음희성大音希聲(큰 소리는 소리가 들리지 않는다는 노자의 미학 관념. 인위적이지 않고 자연스러우며 온전한 아름다움을 비유하는 말)이라고 생각해서 줄이 없었을 수도 있지만, 그랬다면 그 거문고는 무용지물이었을 것이다. 그러나 도연명은 그 거문고를 가까이했다. 술을 마시기만 하면 무현금을 어루만지며 누구도 듣지 못하는 곡을 연주했다.[40]

아마도 거문고는 그의 주미였을 것이다.

도연명이 청담에 참여했었다는 증거는 남아 있지 않지만 그렇다고 해서 그것이 그가 다른 부류였음을 뜻하지는 않는다. 반대로 위진시대 최후의 명사로서 도연명의 삶의 태도도 철학적이고 예술적이었다.

173

---

40 『송서』「도잠전」 참고.

다만 은호 등은 다른 청담가들을 교류의 대상으로 삼았지만 도연명은 전원과 자기 자신을 교류 대상으로 삼았을 따름이다.

우리는 이 점을 그의 시에서 읽어낼 수 있다. 그렇다. 마을의 닭 울고 개 짖는 소리, 이웃집의 모락모락 피어오르는 밥 짓는 연기, 들판의 모종과 멀리서 불어오는 바람, 달빛 아래 괭이를 메고 돌아오는 농부 같은 흔하디흔한 정경이 왜 그의 마음과 붓을 사로잡았을까? 사실 시인은 이미 답을 내놓았다.

> 그 안에 진의가 있으니 말하려 하나 이미 할 말을 잊었네
> 此中有眞意, 欲辯已忘言.[41]

위의 시구에서 글자 '변辯'은 말한다는 뜻이지 역대로 몇몇 사람이 주장해온 것처럼 '분별한다辨'는 뜻이 아니다. 인간이 말을 하는 것은 표현하고 싶은 생각이 있기 때문이다. 생각은 감정일 수도 있고, 의지일 수도 있고, 인식일 수도 있지만 모두 개념적 언어를 통해 전달되어야 한다. 그런데 '개념적 언어言'가 '충분히 생각을 전달할 수 있느냐盡意'가 문제다. 이 때문에 위진 현학은 두 갈래로 나뉘었는데 한 갈래는 가능하다고 주장했고 다른 한 갈래는 불가능하다고 주장했다.

이것이 바로 '언진의言盡意'와 '언불진의言不盡意'의 논쟁이었다.

역시 이런 까닭에 위 시구의 '변辯'은 '변辨'으로 잘못 쓰면 안 된다. **174**

---

41 도연명, 「음주」 5 참고. 이 시에서 "欲辯已忘言"은 두 가지 판본이 있는데 하나는 '辯'(변설)이고 다른 하나는 '辨'(분별)이다. '辯'이 옳다고 본다.

도연명은 이 문제에 직접적으로 답하지는 않았다. 다만 우리에게 말해주기를, 자기가 동쪽 울타리 밑에서 국화를 따다가 무심코 남산을 보고 또 천천히 서쪽으로 넘어가는 가을 해, 함께 돌아가는 새를 보았을 때 이미 뭔가를 깨달았다(그 안에 진의가 있다)고 했다. 그러나 말하려고 했을 때는 어떻게 말해야 할지 잊었다고 했다.

물론 더 중요한 것은 "말할 필요가 없다"는 것이었다.

그래서 그의 거문고도 줄이 있을 필요가 없었다. 왜냐하면 중요한 것은 진의이지 말을 잊는 것은 그리 중요하지 않기 때문이었다. 그 진의만 있다면 "사람들 사는 곳에 오두막을 짓고 살아도結廬在人境""수레와 말의 시끄러운 소리가 없을而無車馬喧" 수 있다고 여겼다.

이것은 사실 예술화된 현학이다.

실제로 현학의 궁극적인 목적은 바로 진의의 탐구였는데 다만 그 진의는 세계와 우주의 진의였다. 그것은 더더욱 보통의 개념적 언어로 파악하고 전달하는 것이 불가능하여 '현언玄言'에 호소하는 수밖에 없었고 그래서 더 "현묘하고 또 현묘해졌다." 또 그런 현묘하고 또 현묘한 언어조차 전달을 할 수 없을 때는 어쩔 수 없이 예술에 호소해야만 했다.

예술도 일종의 언어이지만 '비개념적' 언어다. 예술 언어는 음악, 서예처럼 추상적이든 조각, 회화처럼 구상적이든 간에 어느 정도 불확정성을 갖고 있다. 그런데 이런 특성은 무한한 진의의 입장에서는 복음이나 마찬가지다. 반대로 확정은 곧 한정이고 한정은 곧 유한해서 결코 진의를 담을 수 없다.

현학의 예술화는 필연적인 추세였다.

그리고 그것은 발화의 방식을 바꾼 것에 불과했다.

사실 도연명은 결코 말의 필요성을 부인하지는 않았다. 만약 부인했다면 시조차 쓰지 않았을 것이다. 그것은 주미가 청담의 목적은 아니지만 그래도 청담에서는 주미로 흥을 돋우는 것이 필요한 것과 같았다. 철학이든 예술이든 모두 매개체가 필요하고 또 도구도 필요하다. 그래서 줄은 없더라도 거문고가 없어서는 안 되는 것이다.

마찬가지로 바둑도 흑과 백, 두 종류밖에 없더라도 돌이 없어서는 안 된다.

바둑은 음악, 서예, 회화와 함께 '금기서화棋棋書畵'라고 병칭된다. 이는 분류학의 관점에서 보면 상당히 이상하다. 그러나 청담도 게임이 될 수 있다고 한다면, 바둑이 예술이 못 되리라는 법도 없지 않은가? 실제로 위진시대에 바둑은 '말 없는 청담'이라고 하여 '수담手談'이라 불렸고 또 '앉아 있는 은거'라고 하여 '좌은坐隱'이라고도 불렸다. 듣기에 수담은 지혜롭고 좌은은 청고하다. 이것이 어찌 예술에 그치겠는가. 그야말로 철학이라고도 할 수 있다.[42]

물론 삶의 태도와 정취이기도 했다.

서예와 회화도 마찬가지였다.

---

42 『세설신어』 「교예」 참고. '坐隱'의 '隱'은 두 가지 해석이 있다. 하나는 '隱居'의 '隱'으로 보고 다른 하나는 '隱語'의 '隱'으로 본다.

만약 바둑이 게임에서 철학이 됐다고 한다면 서예는 실용에서 예술이 되었다. 서예가 실용인지 예술인지는 써낸 글자가 정보를 전달하기 위한 것인지, 아니면 단지 아름다워 보이기 위한 것인지에 따라 구별된다. 이는 회화 작품이 예술인지 아닌지 판단하기 위해서 기능을 봐서는 안 되고 오직 심미를 봐야 하는 것과 마찬가지다. 심미는 개성이 있다. 개성이 없으면 화공만 있을 수 있지 화가는 있을 수 없다.

이렇게 되기까지는 물론 길고 점진적인 과정이 존재했다. 금기서화가 '사예四藝'로 병칭된 것도 당나라 시대의 일이었다. 그러나 위진이 중대한 전환기였던 것은 확실하다. 고개지와 왕희지 등에게서 예전 사람들과 다른 관념이 발생하기 시작했고 순수예술로서의 회화와 서예가 이미 두각을 드러냈거나 나타날 준비를 마친 상태였다.[43]

이것이 무엇보다도 유미주의의 기풍에서 득을 본 것은 의심의 여지가 없다. 혹은 이런 변화 자체가 유미주의 기풍의 일부였다. 그러나 서예가 독립적인 예술 분야가 된 것은 현학과 관련이 있을 것이다. 왜냐하면 철학적 훈련을 거친 두뇌만이 오른쪽 왼쪽으로 삐치는 선의 조합에서 진의를 읽어낼 수 있기 때문이다. 이런 심미적 시각을 우리는 '현심묘감玄心妙鑑'(현묘한 감식안과 감별력)이라고 불러야 할 것이다.

심지어 금기서화가 위진시대에 크게 유행한 것도 현학 덕분이었을 것이다. 적어도 음악, 바둑, 서예는 소요와 추상성이라는 공통적인 특징이 있다. 그래서 이것들은 노장 사상의 "큰 소리는 들리지 않으

---

43 거문고, 바둑, 서예, 그림을 병칭한 것은 당나라 장언원張彦遠의 『법서요록法書要錄』이 시초다.

며 큰 형상은 보이지 않는다大音希聲. 大象無形"와 "천하의 그 무엇도 소박함과 아름다움을 견줄 수 없다朴素而天下莫能與之爭美"와 상통했고 현언과 청담의 기풍에도 부합했다.[44]

아무래도 현학이 예술화한 동시에 예술도 현학화한 것으로 보인다. 자연미의 발견도 마찬가지였다.

예술처럼 동진 사람들의 눈에 비친 자연계도 현학화되었다. 현학이 탐구한 것은 우주의 섭리였고 그 섭리는 『노자』에 '도법자연道法自然'이라고 기술되었다. 이 말뜻은 도 밖에 도가 본받는 무슨 자연이 있다는 것이 아니라 도의 법칙이 바로 '자연이연自然而然', 즉 저절로 그러하다는 것이다. 그렇기 때문에 천지는 "가장 빼어난 아름다움이 있어도 말이 없다有大美而不言"고 여겨졌다.[45]

그러면 천지가 가장 빼어난 아름다움이 있어도 말이 없다는 것은 과연 어떤 모습을 가리킬까?

"숲에는 움직이지 않는 나무가 없고 시냇물에는 멈춰선 물결이 없다林無靜樹. 川無停流."

이것은 동진과 서진 교체기의 곽박郭璞이 쓴 시로서 후대에 추앙을 받았다. 누구는 심지어 "바람 소리 소슬하고 물소리 졸졸 들리네風聲蕭瑟. 水聲泓崢"라고 했는데 이 의경은 정말 말로 전달할 수가 없다. 매번 이 구절을 읽을 때마다 심신이 아득해지는 느낌이다.[46]

왜 그런 느낌이 드는 걸까?

---

44 "큰 소리는 들리지 않으며 큰 형상은 보이지 않는다"는 『노자』 41장, "천하의 그 무엇도 소박함과 아름다움을 견줄 수 없다"는 『장자』 「천도天道」 참고.
45 "도의 법칙은 자연이다"는 『노자』 25장을, "천지는 가장 빼어난 아름다움이 있어도 말이 없다"는 『장자』 「지북유知北遊」 참고.
46 『세설신어』 「문학」 참고.

말이 없는 가운데에 깊디깊은 의미가 깃들어 있기 때문이다.

현학의 예술화가 발화의 방식을 바꿨다면 자연의 현학화는 심미적 시각을 바꿨다. 그 시각은 "현묘함으로 산수를 대하는玄對山水" 것인데 전제는 '깨끗한 마음가짐方寸湛然'이었다.[47]

다시 말해 내면이 맑고 순수해야 했다.

이제 우리는 위진시대 명사들의 미적 취향을 이해하기가 그리 어렵지 않다. 그들이 왜 그렇게 옥을 좋아했는지, 봄버들과 소나무 아래 부는 바람은 또 왜 좋아했는지 이해할 만하다. 그리고 가을에서 겨울로 변할 즈음에 산음의 길은 왜 더 잊기 힘들었는지, 교외에 아직 눈이 날릴 때 이미 산림이 다 하얘진 것은 또 왜 감동적이었는지도 이해할 수 있다.

그렇다. 그 모든 것이 맑고 순수하여 자연스러웠기 때문이다.

자연스러우면 진실하고 진실하면 본성을 따른다. 큰 눈이 내리던 어느 날 밤, 왕헌지의 형인 왕휘지王徽之가 잠을 못 이루고 뒤척이다가 문을 열어보니 어느새 눈이 그쳐 있었다. 갓 갠 밤하늘의 달빛이 맑고 환한 것을 보고 그는 문득 화가 대규戴逵를 찾아가기로 결심했다. 그러나 밤새 배를 타고 가서 대규의 문 앞에 다다랐을 때, 그는 하인에게 다시 돌아가자고 하면서 이런 말을 남겼다.

"흥을 타고 와서 흥이 다해 가는데 대규를 만날 필요가 있겠는가?

179 乘興而來, 興盡而去, 何必見戴."[48]

---

47 『세설신어』「용지」유효표주의 손작, 「유량비문庾亮碑文」참고.
48 『진서』「왕휘지전」과 『세설신어』「임탄」참고.

아마도 이것이 참된 성정일 것이다.

이런 참된 성정이 있다면 사람과 사람의 교류도 맑고 순수하여 자연스러워질 것이다. 또 한번은 왕휘지가 건강에 가서 배를 부두에 세웠는데 마침 음악에 정통한 명사 환이桓伊가 그곳을 지나가고 있었다. 환이와 알지도 못하는 사이인데도 왕휘지는 뜻밖에 사람을 보내 말을 전했다.

"선생은 나를 위해 피리를 불어주시겠소?"

환이는 당시 천하에 명성이 자자한 인물이었지만 두말 않고 의자에 앉아 세 곡을 연주한 뒤, 돌아서서 수레를 타고 떠났다. 처음부터 끝까지 두 사람은 인사치레 한마디도 나누지 않았다.[49]

이런 사람들이 바로 본성에 따라 행동하는 사람이다.

참된 성정, 아름다운 풍모, 자연 숭배, 지혜에 대한 사랑, 가문의 중시 등을 다 합친 것이 아마 위진풍도일 것이다. 그런데 이런 풍도가 가치가 있었을까? 만약 있었다면 그것은 무엇일까?

49 『세설신어』「임탄」참고.

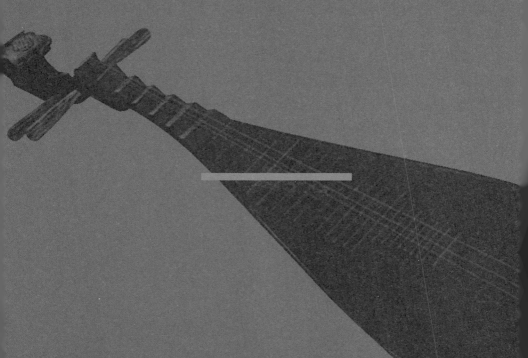

제5장

가치관

진실과 거짓

병적인 자유

기형적인 독립

앓아야 할 병

남북조를 향해 나아가다

비명횡사한 하안은 적어도 세 가지 기풍을 연 선구자였다.
그것은 청담, 남성의 여성화, 약의 복용이었다. 그런 병적인 유행의 배후에는
진실하고 자유로우며 아름답게 살고자 하는 삶의 태도와 가치 추구가 존재했다.

진실과 거짓

우리가 두꺼운 역사책을 펼치고 위진풍도의 차례에 이르면 눈앞에 이해하기 힘든 장면이 나타난다. 거기에는 너무나 많은 자기모순과 의문점이 한 사람에게 집중되어 있다.

왕융이 바로 그 사람이다.

왕융은 죽림칠현의 한 사람이자 혜강과 완적의 친구였다. 완적보다 스무 살이나 어렸지만 완적과 함께 아름다운 주모에게 술을 주문해 마셨던 사람도 그였다. 한번은 혜강, 완적, 산도, 유령이 다 같이 술을 마시는데 왕융이 뒤늦게 왔다. 이때 완적이 말했다.

"이 속물이 또 와서 흥을 깨는구나."

하지만 왕융은 웃으면서 말했다.

"누가 여러분의 흥을 깰 수 있겠습니까?"[1]

183 왕융은 정말 속된 인물이었을까?

---

1 『진서』「왕융전」과 『세설신어』「배조」 참고.

속되기 짝이 없는 인물이었다. 그는 관직이 삼공의 반열에 이르렀고 재산도 한 나라의 부에 견줄 만했지만 인색하기가 상상을 초월했다. 조카가 결혼할 때 옷을 선물했다가 나중에 돌려받는가 하면, 딸이 친정에 오자 빌려 간 돈을 갚으라고 인상을 찌푸리기도 했다. 또한 집에 열린 자두를 내다 파는데 혹시 누가 그것을 옮겨 심을까봐 일일이 씨를 다 후벼 팠으며, 밤마다 아내와 함께 산가지를 늘어놓고 돈을 세기도 했다. 그는 실로 수전노의 전형이라 할 만했다.[2]

그런데 속되기 짝이 없던 왕융은 멋지고 호방하며 풍류를 아는 인물이기도 했다. 이른바 바위 아래 번개처럼 눈빛이 형형하다는 표현은 옥인 배해가 그를 두고 한 말이었다. 또한 일곱 살 때 이미 침착하고 여유로운 풍모를 보여, 울타리에 기어올라 포효하는 호랑이 앞에서도 전혀 흔들림이 없어서 위 명제 조예를 크게 놀라게 했다.[3]

이처럼 목숨도 개의치 않았는데 왜 그렇게 돈에 연연했을까? 정말 괴이한 일이다.

어떤 사람은 왕융이 돈을 탐한 것은 유비가 농사를 짓고 완적이 폭음을 한 것처럼 정치투쟁에서 가상의 적이 될까봐 눈속임을 쓴 것이라고 말하기도 했다.[4]

이것은 물론 참고할 만한 의견일 뿐이다. 그러나 수전노 왕융이 자신의 수전노 아내와 금슬이 매우 좋았다는 것은 사실인 듯하다. 왜냐하면 아내가 그를 '경卿'이라고 불렀기 때문이다. 당시의 습관과 풍속

---

2 『세설신어』「검색儉嗇」 참고.
3 각기 『세설신어』「용지」「상예」「아량」과 그 유효표주의 『죽림칠현론』 인용문 참고.
4 『세설신어』「검색」 유효표주의 『진양주』와 대규戴逵의 논의 참고.

에 따르면 '경'은 '너' '자기'에 해당하는 애칭이었다. '당신' '귀하'에 해당하는 존칭은 '군君'이었다. 따라서 예절을 지키려면 아내는 남편을 '군'이라고 불러야 했다.

그러나 왕융의 아내는 예절 같은 것은 싹 무시하고 한사코 '경'이라고 불렀다. 왕융이 이를 고치라고 하자 그녀는 당당하게 말했다.

"사랑하는 사람을 자기라고 부르는 건데, 내가 자기라고 안 부르면 누가 자기를 자기라고 부를 수 있지?"

왕융은 어쩔 수 없이 마음대로 하라고 했다.[5]

지금까지 본 바로는 왕융은 그야말로 모순덩어리였다. 몸집은 작아도 눈빛은 번개 같고 수전노이긴 해도 도량은 비범했던, 걸출한 명사이자 효자였으며 또한 예법의 구속을 받지 않으면서도 자식에 대한 정이 지극했다. 아들 왕만王萬이 죽고 나서 산간山簡(산도의 아들)이 문상을 갔을 때 왕융은 정신을 못 차릴 정도로 울고 있었다. 그것은 당연히 정상이 아니었다. 예법에 따르면 부모가 죽었을 때는 더 살고 싶지 않을 만큼 애통해하는 것이 당연했지만 자식이 죽었을 때는 그러지 말아야 했다.

그래서 산간이 그만 슬퍼하라고 말렸지만 왕융은 다음과 같이 말했다.

"성인은 비범하고 탈속적이며 우매한 백성은 둔하고 무관심하지. 그들은 감정 앞에서 별일 없다는 듯이 담담하거나 뭘 어떻게 해야 할

5 『세설신어』「혹닉惑溺」 참고.

지 모른다네. 하지만 감정을 가장 중시하고 또 감정에 가장 골몰하는 사람은 우리 같은 사람들이 아니겠는가!"⁶

왕융의 이 말은 틀리지 않았다. 위진 사람들은 확실히 감정을 중시했다. 성이 왕씨이고 자가 백여伯輿인 한 명사는 모산茅山(지금의 장쑤성 쥐룽句容)에 올라가서 대성통곡하며 "낭야의 이 왕백여는 끝내 정 때문에 죽는구나!"라고 외치기도 했다.⁷

환온 같은 효웅도 다르지 않았다. 그가 서쪽으로 성한을 치러 가면서 삼협三峽을 지날 때, 군대의 어떤 사람이 원숭이 새끼 한 마리를 잡았다. 그런데 새끼를 잃은 어미 원숭이가 슬프게 울면서 강가를 따라 백 리를 쫓아오다가 결국 배에 오르자마자 죽고 말았다. 나중에 그 배를 갈라보니 창자가 마디마디 다 끊겨 있었다. 환온은 이 사실을 알고 즉시 그 원숭이 새끼를 잡은 사람을 처벌했다.⁸

칼을 휘두르는 사람에게도 부드러운 마음이 있었던 것이다.

환온은 심지어 다정다감했다. 북벌을 가다가 어느 지역을 지나가는데 자기가 30년 전 심은 버드나무가 이미 굵어진 것을 보고 감개무량해서 말했다.

"나무조차 이렇게 되는데 사람이 어떻게 세월을 감당하겠는가!"

그는 나뭇가지를 붙잡고 처연히 눈물을 흘렸다.⁹

왕휘지에게 피리를 불어준 환이는 더 심했다. 그는 누가 만가輓歌 (죽음을 애도하는 노래)를 부르기만 하면 뒤따라 '내하奈何'라고 소리쳤다. **186**

6 『세설신어』「상서」참고. 『진서』「왕연전」은 이 일이 왕연에게 일어난 것이라고 보았다.
7 『세설신어』「임탄」참고.
8 『세설신어』「출면」참고.
9 『진서』「환온전」과 『세설신어』「언어」참고.

'내하'는 원래 "어떻게 하나"라는 뜻이지만 여기에서는 만가의 일부일 뿐이다. 어쨌든 죽은 사람과 아무 관계가 없는데도 그는 만가를 따라 부른 것이다.

사안이 왜 "자야子野(환이)는 줄곧 정이 깊었다"[10]라고 했는지 짐작이 가는 대목이다.

감정은 가장 진실하고 감정만이 거짓되지 않으므로 감정을 중시하는 사람은 반드시 본성을 따른다. 진실하고 본성을 따르는 것이 바로 위진풍도의 구성 요소이자 위진 명사들의 기본 조건이었다. 간문제 사마욱은 일찍이 왕술이라는 명사에 대해 이런 평을 한 적이 있다.

"이 사람은 재능이 평범하고 명리名利에 초연하지도 않지만 약간은 진솔하기 때문에 다른 사람들을 훨씬 능가한다."[11]

간문제가 평한 이 왕술은 훗날 사안과 어깨를 나란히 하고 싸운 왕탄지의 아버지다. 그가 상서령尚書令(궁궐의 비서장)에 임명되어 부임하러 갔을 때 왕탄지는 그에게 말했다.

"아버님, 사양하셔야 할 듯합니다."

왕술이 물었다.

"왜 그래야 하지? 자격이 부족하기 때문이냐, 아니면 능력이 모자라기 때문이냐?"

"둘 다 아닙니다. 하지만 겸양이 미덕입니다."

187 　왕술은 탄식했다.

10 『세설신어』「임탄」참고.
11 『세설신어』「상예」참고.

"직책을 감당할 수 있는데 굳이 겸양할 필요가 있느냐? 사람들은 다 청출어람이라고 하는데 내가 보기에 너는 아예 나를 따라오기는 글렀다."[12]

이 사람은 정말 진솔함으로 똘똘 뭉친 사람이었다.[13]

진솔했던 왕술은 또 진솔한 사위를 두었다. 그는 바로 사안의 동생 사만謝萬이었다. 왕술이 양주자사를 맡고 있을 때, 사만이 뜻밖에도 청색 두건을 쓴 채 가마를 타고 관서로 들이닥쳐 말했다.

"사람들이 다 대인이 어리석다고 하던데 과연 그렇군요!"

그런데 왕술은 이렇게 답했다.

"바로 그러하다. 다만 좋은 평판이 너무 늦게 생겼을 뿐이다."[14]

이 장인과 사위는 유가적 예법에 따르면 정말 체통이 안 섰는데도 당시 사람士林에서는 미담의 주인공으로 여겨졌다. 이것은 무엇을 설명해줄까? 당시 대다수 사람이 사실은 마음속 깊은 곳에서 참된 성정을 긍정하고 동경했음을 말해준다. 그리고 이런 긍정과 동경 뒤에는 위진풍도가 구현하고 추구했던 가치와 가치관이 존재했다.

그것은 곧 진실이었음을 우리는 알고 있다.

진실은 전 인류가 공통적으로 추구하는 것이다. 어느 민족, 어느 문명도 허위를 주장하고 진실을 반대하지는 않는다. 따라서 그것은 전 인류의 공통된 가치이기도 하다. 그러나 물리적인 진실이 있으면 심리적인 진실도 있고 인지적인 진실이 있으면 감정적인 진실도 있다. **188**

---

12 『진서』 「왕술전」과 『세설신어』 「방정」 참고.
13 『세설신어』 「상예」 참고.
14 『진서』 「사만전」과 『세설신어』 「간오」 참고.

또 과학적인 진실이 있으면 예술적인 진실도 있다. 그러면 위진이 추구한 것은 또 어떤 진실이었을까?

심리적, 감정적, 예술적 진실이었다.

고개지의 그림은 그 점을 구현했다. 그는 인물을 그리면서 때로는 몇 년 동안 눈에 동공을 안 찍었다. 그가 보기에 인체의 다른 부분은 그리 중요치 않아서 유독 동공을 생생히 그리려 했다. 그리고 옥인 배해를 그릴 때는 뜬금없이 수염 세 가닥을 덧그렸다. 풍모와 운치를 더 잘 구현하기 위해서라는 것이 그 이유였다.[15]

사실은 유가 윤리도 감정적 진실의 기초 위에 수립되었다. 공자 등이 보기에 인간에게 가장 진실하고 믿을 만한 것은 가족 간의 사랑이었다. 부모가 자녀를, 또 자녀가 부모를 사랑하는 것은 선천적인 동시에 자명한 것으로서 필요한 것은 이를 확대, 발전하는 것뿐이었다. 그래서 "부모는 자녀에게 자애로워야 하고 자녀는 부모에게 효성스러워야 한다父慈子孝"에서 출발하면 "임금은 인자해야 하고 신하는 충성스러워야 하는 것君仁臣忠"을 이루는 것은 어렵지 않고 세상도 화목하고 태평해질 것이라고 생각했다.

감정적 진실은 결코 있으나 마나 한 것이 아니다.

하지만 안타깝게도 위진 양대의 정권 내부에는 이런 진실이 전혀 없었다. 권신은 제위를 찬탈했고, 종실은 황궁을 핍박했고, 육친은 반목하여 골육상잔을 벌였다. 조비와 조식曹植, 조창曹彰 형제는 물과

189

---

15 『진서』 「고개지전」과 『세설신어』 「교예」 참고.

불처럼 서로를 포용하지 못했으며 사마씨 가문은 한술 더 떠 서로 창 칼을 마주쳤다. 그들은 친지간의 정은커녕 최소한의 사실과 도리도 외면했다.

진 무제의 아들, 초왕 사마위는 죽어서도 눈을 못 감았다. 그는 원래 황후 가남풍의 명을 받아 여남왕 사마량을 죽였지만 황제의 조서를 위조했다는 죄명을 뒤집어쓰고 형장으로 가야 했다. 스물한 살의 사마위는 품에서 청색 종이에 적힌 조서를 꺼내며 사형 집행관에게 말했다.

"나라를 위해 조서를 받들어 행했는데 이런 지경에 빠지다니!"

사형 집행관도 감히 고개를 못 들고 머리를 숙인 채 눈물을 흘렸다.[16]

자, 그 순간에 진실은 어디에 있었을까?

모두가 알았지만 아무도 말하지 못했다.

그래서 우리는 왕융을 이해하기가 어렵지 않다. 그는 사실 시대의 축소판이었다. 사실 진실하지 못한 시대에 진실을 추구하는 것은 그 자체로 역설이다. 그래서 핵심적인 가치를 향한 위진의 다양한 추구는 변태적이고 기형적일 수밖에 없었으며 때로는 야합이 난무했다. 왕융이 그랬고 다른 사람들도 마찬가지였다.

하안을 예로 들어보자.

---

16 『진서』「사마위전」참고.

병적인 자유

하안은 자기가 죽을 줄 몰랐다.

혹은 사마의가 자기를 죽일 줄 몰랐다.

위진 현학의 창시자 중 한 명인 하안은 하진何進의 손자이자 조조의 양자로서 어려서부터 궁중에서 자랐다. 나중에는 사마씨와 조위의 정치투쟁에서 줄을 잘못 서서 조상의 패거리가 되는 바람에 결국 패하여 역적으로 내몰리고 말았다.

그런데 맨 처음에 사마의는 하안을 체포하지 않았다. 오히려 조상의 '모반' 사건 조사에 참여하라고 하면서 사건에 연루된 가문이 모두 모두 여덟 개 가문이라고 미리 알려주기까지 했다. 하안은 최선을 다해 사건을 처리했고 마침내 정밀丁謐 등 7명의 죄상을 찾아내 사마의에게 보고했다.

191 사마의가 말했다.

"한 명이 빠졌군."

하안은 놀라서 무의식중에 질문을 던졌다.

"설마 접니까?"

"그렇네."

그래서 하안을 비롯한 그의 일가 전부가 재산을 몰수당하고 참형을 받았다.[17]

하안은 총명한 인물인데도 불구하고 그렇게 죽었다. 과거에 조조는 하안의 어머니 윤尹부인을 아내로 데려오면서 정식으로 하안을 아들로 거두려 했다. 하지만 당시 하안은 일곱 살인데도 주관이 매우 뚜렷했다. 땅바닥에 네모 칸을 그리고 스스로 그 안에 들어가 섰다.

조조가 물었다.

"이게 무엇이냐?"

하안이 답했다.

"하씨 가문의 집입니다."

조조는 어쩔 수 없이 웃고 없던 일로 넘겼다.[18]

애석하게도 하안의 이런 잔꾀는 사마의의 용의주도함 앞에서는 빛을 잃었다. 궁궐과 관리 사회도 일찌감치 냉혹하고 무정하게 변해 있었다. 따라서 설령 다시 줄을 섰더라도 하안은 죽을 수밖에 없었을 것이다.

하지만 비명횡사했다는 사실도 하안이 위진풍도의 대표적인 인물 **192**

---

17 「삼국지」 「하안전」 배송지주의 「위씨춘추」 인용문 참고.

18 「세설신어」 「숙혜」 참고.

이 되는 것을 막지는 못했다. 적어도 세 가지 유행이 그와 관계있었는데 심지어 그가 그 시작을 알렸다. 그것은 심오한 이치에 관한 토론과 약 복용 그리고 남성의 여성화였다.

여성화의 유행은 후한 말엽에 시작된 듯하지만 가장 명성이 높았던 이는 역시 하안이었다. 그는 원래 희고 말끔하게 생겼는데도 어디를 가나 분가루를 들고 다니며 시간과 장소를 안 가리고 화장을 고쳤다. 걷는 것도 자세가 하늘하늘했고 한 걸음에 한 번씩 자신의 그림자를 돌아보았다.[19]

여자라고 다 이런 것은 아니지 않은가?

어쨌든 그 점이 위 명제 조예의 호기심을 건드렸다. 조예는 일부러 가장 더운 날에 하안을 불러 뜨거운 국수를 먹게 했다. 그래서 하안은 먹으면서 계속 땀을 닦아야 했는데 이상하게도 닦으면 닦을수록 얼굴이 더 하얘졌다. 조예는 그제야 그가 선천적으로 얼굴이 하얀 미남인 것을 알았다. 그런데도 그는 계속 화장품을 사용한 것인데 우리는 그 성분이 무엇이었는지는 알지 못한다.[20]

물론 그가 왜 굳이 그랬는지도 알지 못한다.

그래도 하안이 복용한 약의 성분은 알고 있다. 오석산이라는 그 약은 후한의 의성醫聖 장중경張仲景이 처방했는데 원래의 용도가 상처와 병을 치료하고 몸을 건강하게 해주는 것이어서 비아그라의 연구 개발 목적이 원래 심장병 치료였던 것과 같았다. 마찬가지로 비아그라의

193

---

19 『삼국지』「하안전」 배송지주의 『위략』 인용문 참고.
20 『세설신어』「용지」 참고.

'부작용'이 인류의 생활을 바꿔놓은 것처럼 하안도 예기치 않게 오석산의 신기한 효과를 체험했다. 물론 그가 약 처방을 살짝 바꿨을 수도 있다.

오석산은 위진의 비아그라가 되었다.[21]

이 일이 중국 과학사에 기술될 수 있는지는 뭐라고 말하기 어렵다. 하지만 이 과학적 발견과 응용은 등자와 인쇄술에 비견되는 역사적 지위를 누려야 마땅하다. 등자는 기병의 작전 수행 능력을 강화하여 유럽의 기사계급을 탄생시켰고 인쇄술은 특권 계층의 지식 독점을 타파하고 문화의 대중 전파를 가능케 했다. 그러면 오석산은 어땠을까?

사대부의 기풍을 바꿔놓았다.

양한시대에 형성된 사대부는 원래 바른 자세와 단정한 옷차림을 중시하는 근엄하고 신중한 군자였다. 유가 윤리에 따르면 복식은 신분의 징표이자 도덕의 상징이기 때문이었다. 알몸이거나 옷차림이 단정치 못하거나 예의를 무시하고 멋대로 옷을 입는 것은 전부 심각하고 용서받기 힘든 행위였다.

그러나 약을 복용하는 사람은 일일이 그런 것까지 신경 쓸 수는 없었다. 약효가 발동하면 일련의 약물 반응이 일어나고(예를 들어 온몸에 열이 났다가 또 차가워졌다) 잘못하면 사람이 죽기도 했다. 해독을 하려면 찬 음식을 먹고, 뜨거운 술을 마시고, 찬물로 목욕을 하고, '행산行散' **194**

---

21 「세설신어」 「언어」와 유효표주의 『위략』, 진승조秦承祖(유효표주에서는 진승상秦丞相이라고 오인), 『한식산론寒食散論』 인용문 참고. 수나라 소원방巢元方은 『제병원후론諸病源候論』에서 서진 황보밀皇甫謐이 "하안은 가무와 여색을 좋아해서 이 약을 복용하기 시작했는데 가슴이 탁 트이고 체력이 강하게 바뀌었다何晏耽聲好色, 始服此藥, 心加開朗, 體力轉強"라고 한 말을 인용했고 당나라 손사막孫思邈의 『비급천금요방備急千金要方』에서는 오석산의 복용이 "방중의 즐거움을 추구한

이라고 해서 빨리 걷기까지 해야 했다. 옷도 자연스레 적게 입거나 아예 안 입었다. 꼭 입으려면 헐렁한 낡은 옷을 입어야 했다. 옷에 이가 있어도 개의치 않았다.

그래서 하안을 시작으로 유행이 싹 바뀌어서 명사의 이미지는 점점 다른 모습이 되었다. 헐렁한 옷과 넓은 허리띠 차림에 머리는 산발을 하고 나막신을 신은 채 손에 주미를 들고서 이를 잡으며 이야기를 했다. 나중에는 약을 먹지 않는 사람까지 이를 본받아서 심지어 이를 잡는 시늉까지 했다. 그것이 멋지고 훌륭해 보인다고 생각한 것이다.

복식은 심리 및 성격과 긴밀한 관계가 있다. 겉모습이 변하면 내면세계도 변하곤 한다. 그 반대도 마찬가지다. 겉모습이 변하는 것은 내면세계가 변했기 때문이다. 사실 위진 명사들은 진작부터 면모를 바꿀 생각이었다. 약물 반응은 그저 핑계에 불과했다. 왜냐하면 시대가 그들에게 역사적 사명을 부여했기 때문이다. 그것은 유가 윤리의 속박에서 벗어나 영혼의 자유와 사상의 해방을 실현하는 것이었다.

자유를 위해서라면 옷은 모조리 벗어던질 수도 있었다.

확실히 위진은 자유를 숭상했다. 어떤 사람이 승려이자 현학가였던 지도림支道林에게 학 두 마리를 선물했다. 지도림은 무척 기뻐했고 학들을 붙잡아두기 위해 날개의 깃털을 잘랐다. 날개가 있어도 날지 못하게 된 학들은 날개를 내려다보며 풀 죽은 표정을 지었다. 이를 보고 지도림은 마음 아파하며 말했다.

195

다求房中之樂"고 하여 오석산이 실제로 정력제였음을 알 수 있다. 황보밀은 서진의 의학자이자 사학자로서 중국 최초의 침구 전문서인 『침구갑을경鍼灸甲乙經』을 저술했는데 하안과 가까운 시대에 살았기 때문에 그의 말은 신빙성이 있다. 이 약에 대해서는 루쉰의 「위진풍도 및 문장과 술, 약의 관계」와 뭐위밍의 『세설신어정독』에도 자세한 소개가 있으므로 참고하길 권한다.

"하늘 높이 날려는 포부가 있는데 어찌 사람의 노리갯감이 되고 싶겠느냐?"[22]

그래서 세심히 학들을 보살펴 날개를 낮게 해준 뒤, 마음대로 날아가게 내버려뒀다.

지도림이 그랬던 것은 의심할 여지 없이 그 자신도 자유를 동경하여 학들의 처지에 동감했기 때문이다. 하지만 그는 학이나 매 외에 참새 같은 다른 날짐승에게는 그런 동정심을 느끼지 못했을 것이다. 학은 중국의 문화 체계에서 특별한 지위를 차지하고 있다. 심지어 삶의 어떤 이상과 태도를 상징하기도 한다.

그것은 어떤 이상, 어떤 태도일까?

진실하고 자유로우며 아름답게 사는 것이다.

사실 이것은 장자 이후 줄곧 존재해온 가치 추구였다. 단지 위진시대에 진실과 자유 외에 아름다움이 추가되었을 뿐이다. 이 점은 납득할 만하다. 진실은 자유의 구현이고 아름다움은 자유의 상징이기 때문이다. 자유롭지 못하면 진실하기 어렵다. 또 "하고 싶은 대로 해도 법도를 어기지 않는 것從心所慾不踰矩"이 불가능하면 예술은 없다. 그래서 자유롭고 진실하면 반드시 아름답다. 학은 바로 그런 가치관의 홍보 대사였다.

사실 자유라는 두 글자는 입에 담기는 쉽지만 현실에서는 대단히 복잡 미묘한 함의를 지니고 있다. 특히 중국 민족은 역사적으로 자유 **196**

에 대해 두려움을 느끼거나 자유를 방만함, 느슨함 같은 부정적인 뜻의 단어로 사용했다. 그나마 제한과 속박이 없다는 뜻으로 쓰인 것이 가장 긍정적이지만 사실 이것도 결코 진정한 의미의 자유는 아니었다.[23]

이렇게 중대한 주제는 당연히 천천히 신중하게 논해야 한다. 여기서 주목해야 할 것은 진실, 자유, 아름다움에 대한 위진의 추구가 일종의 병적인 양상을 드러냈다는 점이다.

옥처럼 아름다웠던 위개가 바로 그러했다. 그는 사람들의 눈길조차 감당할 수 없을 만큼 허약한, 거의 병자에 가까운 인물이었다. 실제로 자기애가 지나쳤던 하안이든 바람만 불어도 쓰러질 것 같던 위개든 모두 병적인 아름다움을 드러냈다. 단지 위개는 몸에 병이 있고 하안은 마음에 병이 있었을 뿐이다.[24]

약을 복용하고 폭음을 일삼고 청담을 한 것은 다 병의 표현이었는데 물론 이것들의 위험성에 순위를 매기는 것은 다소 어렵다. 그래도 개인적으로는 약을 복용하는 것이 가장 위험했고 국가적으로는 청담이 가장 경계의 대상이었다. 청담도 나름대로 가치가 있었고 그것이 꼭 나라를 그르친다는 법은 없었지만 혹시나 청담에 중독되면 약을 복용하는 것과 별다른 차이가 없었을 것이다. 정부 관리가 청담에 빠져 업무를 게을리한다면 역시 병적인 것이 아니겠는가?

197 술도 마찬가지였다. 음주는 당연히 병이 아니지만 폭음은 병이다.

---

23 옌푸嚴復는 말하길, "무릇 자유라는 말은 진실로 중국의 역대 성현들이 깊이 두려워하여 일찍이 그것을 정해 가르친 적이 없다"라고 했다. 옌푸의 『논세변지극論世變之亟』 참고.
24 『세설신어』 「용지」 참고.

완적의 조카 완함은 더더욱 그러했다. 이 사람은 술을 잔으로 안 마시고 단지째 직접 들이켰다. 혹시 돼지가 술 냄새를 맡고 다가오면 돼지와 함께 마셨다. 이것은 정말 자유인지 방임인지, 또는 해방인지 타락인지 말하기 어렵다.[25]

문제는 어째서 이런 현상이 벌어졌느냐는 것이다.

그들이 결코 자유롭지 못했기 때문이다. 완적의 말처럼 거대한 그물이 세상을 다 덮고 있어 누구도 날개를 펴고 비상할 수 없었다. 아마도 약효가 퍼지거나, 고주망태가 되거나 또는 비현실적인 고담준론을 펼칠 때만 비로소 약간의 자유를 느끼지 않았을까? 그것은 부자유한 시대에 누리던 병적인 자유였다.[26]

확실히 마음에 병이 있는 것은 사회에 병이 있음을 뜻한다. 건강한 사회라면 병자를 미남으로 삼을 리가 없기 때문이다. 이제 유일하게 파고들어야 할 문제는 당시의 사회적 병이 어느 정도였으며 또 그 병의 원인은 무엇이었느냐는 것이다.

---

25 『세설신어』「임탄」 참고.

26 완적, 「영회시詠懷詩」 41을 보면 "하늘의 그물 사방의 들에 가득하니, 날개가 덮여 펼칠 수가 없구나天網彌四野, 六翮掩不舒"라는 구절이 있다.

기형적인 독립

서진 영가永嘉 5년(311), 흉노가 세운 한나라의 장군, 갈인 석륵이 서진의 군대를 약현若縣(지금의 허난성 루이鹿邑)에서 대파했다. 서진의 장병 10만여 명은 단 한 명도 재난을 면치 못했으며 원수를 비롯한 고관들도 죄다 포로가 되었다.

그 원수의 이름은 왕연王衍이었다.

왕연은 자가 이보夷甫이고 낭야 임기臨沂 사람으로 왕융의 사촌 동생이자 위진 명사들의 대표자 중 한 사람이었다. 그는 피부가 너무 하얘서 손과 들고 있던 주미의 백옥 손잡이가 구별이 안 될 정도였다. 또 미남이기도 해서 왕돈은 왕연이 다른 사람들과 함께 앉아 있으면 기와 조각 속에 주옥珠玉이 있는 것 같다고 했다.[27]

더구나 왕연은 풍모가 지극히 훌륭했다. 왕융이 이른바 '풍진외물', 즉 세속을 초탈한 인물이라고 한 것은 바로 그를 두고 한 말이었다.

---

27 『진서』 「왕연전」과 『세설신어』 「용지」 참고.

또 왕도는 그가 우뚝 선 천 길 낭떠러지처럼 도도하고 수려하다고 말했다. 그래서 왕연은 명사들 사이에서 명망이 높았고 심지어 명사들의 본보기로 여겨졌다. 사람들은 그에 관한 얘기만 나오면 입에서 칭찬이 그치지 않았다.[28]

그러나 우뚝 선 천 길 낭떠러지 같다던 왕연은 포로가 된 후, 전혀 기개 있는 모습을 못 보였다. 석륵이 왜 서진군이 패한 것 같으냐고 묻자, 자기는 책임이 없다면서 이 기회에 황제가 되라고 그 이민족 장군에게 권하기까지 했다. 그렇게 책임을 남에게 전가하고 앞잡이까지 되려는 그의 행태에 노예 출신의 석륵도 화가 나지 않을 수 없었다.

"태위는 천하에 명성이 자자하고 지위도 그렇게 높은데 어떻게 책임이 없다고 발뺌을 하시오? 내가 보기에는 천하를 파괴한 수괴는 바로 당신이오!"

결국 온몸에 맥이 풀린 왕연은 부축을 받으며 밖으로 나갔다.

하지만 석륵은 왕연을 죽일 생각까지는 없었다. 그의 외모가 실로 출중했기 때문이다. 석륵은 측은한 생각이 들어 계속 망설이다가 부하에게 물었다.

"나는 천하를 종횡했지만 저렇게 풍채 좋은 사람은 보지 못했다. 살려줘도 되지 않을까?"

부하가 말했다.

"우리를 위해 목숨 바쳐 일할 자도 아닌데 살려줘서 뭐 하겠습니 **200**

---

28 『세설신어』「상예」참고.

까?"

석륵은 말했다.

"그러면 칼을 쓰지는 마라."

결국 왕연은 유량과 이세의 누이동생처럼 기사회생하지는 못했다. 단지 자신의 외모 덕분에 죽는 방식이 달라졌을 뿐인데, 한밤중에 무너지는 벽에 깔려 죽었다. 그는 죽기 전에 뒤늦은 후회를 했다고 한다.

"우리가 과거에 열심히 나랏일을 했다면, 그렇게 청담에 빠지지만 않았다면 지금 같은 지경에 이르지는 않았을 텐데."[29]

이런 까닭에 환온은 북방을 빼앗긴 책임이 왕연에게 있다고 생각한 것이다.[30]

서진의 멸망을 왕연이 청담으로 나라를 그르친 탓으로 돌리기는 어렵다. 사실 그 왕조는 탄생한 그날부로 망해야 마땅했다. 적어도 봉건제도를 회복시킨 사마염, 팔왕의 난을 야기한 가남풍 그리고 그들이 조씨 위나라 시대에 벌인 음모와 궤계, 군사 쿠데타가 모두 화의 근원이었다.

하지만 왕연의 양면성 역시 의심할 여지가 없다.

명사의 본보기로서 왕연은 확실히 미남이었다. 전해지는 이야기에 따르면 산도는 어릴 적의 그를 보고 경악했다고 한다.

"어느 집 여자가 이런 아이를 낳았단 말인가!"

---

29 「진서」「왕연전」참고.
30 「세설신어」「경저」참고.

왕연은 또 사람이 소탈했는데 아내가 재물을 탐하는 것을 싫어해서 절대로 돈 전錢 자를 입에 올리지 않겠다고 맹세했다. 아내는 이를 못 믿고 시녀를 시켜 돈으로 침대를 둘러싸게 했다. 그러자 왕연은 이렇게 소리쳤다.

"여봐라, 이것들을 가져가라!"[31]

왕연은 이처럼 고결한 면이 있었다.

그런데 고결한 왕연은 사실 지위와 재산을 무척 따졌다. 그의 딸은 원래 태자 사마휼의 비로 시집을 갔는데 사마휼이 가 황후에게 박해를 받자 그는 즉각 조정에 표문을 올려 태자 부부를 이혼하게 했다. 그래서 얼마 뒤 사마휼이 자리에서 쫓겨나 살해되었을 때 그는 무사할 수 있었다. 또 재보宰輔를 맡은 뒤에는 국가의 안위를 돌보는 대신 어떻게든 자신의 퇴로를 마련하는 데만 심혈을 기울였고 그러면서 교활한 토끼는 굴을 세 개 파놓는 법이라며 득의양양해했다. 나중에 그가 삶에 집착하고 나라를 팔아먹으려 한 것은 결코 이상한 일이 아니었던 것이다.[32]

아무래도 진실을 추구했던 위진은 동시에 허위가 가득했던 것 같다. 좀더 정확히 말하면 위진의 시대적 특징은 바로 숱한 모순이었다. 아름다우면서도 추악하고, 고결하면서도 탐욕적이고, 소탈하면서도 지위와 재산을 따지고, 진실하면서도 허위적이었다. 이것은 서양인이 이해 못한 일본인과도 같았다. 그들은 호전적이면서도 얌전하고, 진 **202**

---

31 『진서』 「왕연전」과 『세설신어』 「식감」 「규잠」 참고.
32 『진서』 「왕연전」 참고.

보적이면서도 보수적이고, 무력을 숭상하면서도 아름다움을 사랑하고, 오만하고 자존심이 강하면서도 예의가 깍듯했다.

그렇다. 그것은 국화와 칼이었다.[33]

다만 일본에서는 국화가 황족의 상징이고 칼은 무사의 상징이었는데 위진에서는 국화와 칼이 다 사족의 수중에 있었다. 도연명의 동쪽 울타리 아래에도 있었고 간문제의 화림원華林園에도 있었으며 왕돈과 환온의 군영에도 있었다. 서진과 동진의 황족도 원래는 사족이었으며 또 사족임을 자처하고 그것을 자랑으로 여겼기 때문이다.

사족이야말로 위진의 주인공이었다.

확실히 중국의 사족은 유럽의 기사, 일본의 무사와도 같았다. 그들은 모두 상대적으로 독립된 계층으로서 동류의식이 강했으며 일련의 독자적인 가치 체계, 행위규범, 도덕관념과 심미 기준을 갖고 있었다. 예를 들어 여성을 존중하는 것을 미덕으로 여겼고(유럽 기사) 책임의 완수를 천직으로 여겼으며(일본 무사) 혈통의 순수성을 고귀함으로 여겼다(위진 사족).

그러나 위진의 사족은 유럽의 기사, 일본의 무사와는 또 달랐다. 후자가 더 신경 쓴 것은 자신들의 개인적 신분과 직업적 표지였지만 사족은 가문의 지위, 혈통, 전통을 상당히 중시했다. 그래서 기사는 군단을 떠나면 검객이 되고 무사는 주군을 잃으면 낭인이 되었지만 위진의 사족은 만약 빈한한 가문 출신이거나 가문이 중간에 몰락하

203

---

33 일본 문화의 이중성에 관해서는 미국의 인류학자 루스 베네딕트가 『국화와 칼』에서 소상히 밝힌 바 있다.

면 아무것도 아니었다.

그래서 사족의 독립은 불가피하게 이중성을 띠었다.

사실 후한 말부터 사대부 계층은 줄곧 독립을 추구했다. 이는 외척과 환관의 정치 관여에 반대하기 위해서이기도 했지만 그것보다는 그들이 보기에 자신들이 문화적 가치를 가장 잘 수호할 수 있는 집단이었기 때문이다. 그것은 그들의 역사적 사명과 사회적 책임이었으므로 일단 옳다고 여기면 황제에게도 양보하지 않았다.

황권 정치에서 이런 일이 용인될 리가 없었다. 그래서 당고의 화가 일어났다. 다시 말해 황제의 천하에서는 누구든 당파를 결성하는 것을 용납하지 않았다. 하지만 당파의 결성은 불허해도 가문을 이루고 키우는 것은 허용하지 않을 수 없었고 심지어 격려해야 했다. 그래서 한 가문이 대대손손 관리가 되고 또 자손이 늘어나면 그들은 세가世家가 되었다. 그리고 세가가 갈수록 늘어날 때 사족은 독립했다.

물론 가문의 형태로 독립을 실현했다.

누구도 그 추세를 막을 수는 없었다. 더구나 사마예의 동진은 원래 대가문의 지지에 의지해 수립된 왕조였다. 그 결과, 사권士權이 황권과 맞먹기 시작하고 사족과 황족이 천하를 함께 다스렸다. 나아가 정치생활 이외의 영역에서는 황제의 통제를 벗어났으며 문화의 발전에서도 상대적으로 자유로운 공간을 확보했다. 바로 이것이 춘추전국시대 이후 위진시대에 또다시 사상이 발전한 원인 중 하나였다.

204

하지만 애석하게도 이런 독립은 기형적이었다.

기형적이라고 말하는 것에는 두 가지 함의가 있다. 첫째, 사족은 집단의 형태로 상대적인 독립을 이루었을 뿐, 사족 안의 개인은 독립적이지 못했다. 둘째, 사족의 집단으로서의 독립은 법률적, 제도적 보장을 받지 못했다. 제국의 통치자는 걸핏하면 가문의 멸족을 감행했다. 그 가문이 아무리 명문이어도 소용이 없었다. 그 문제에 있어서는 칼을 든 자는 아무 거리낌이 없었다. 한 가문의 구족을 멸해도 다른 가문이 또 숱하게 많았기 때문이다.

그래서 사실 사족은 위진시대에 안전을 확보하지 못했다. 더구나 그들은 황족과 함께 천하를 다스린다는 바로 그 사실 때문에 오히려 정치 참여 자격이 없는 다른 사람들보다 더 위험했다. 다들 그 시대가 그들의 것이었다고들 하지만 그럼에도 어쩔 수 없었다.

그것은 실로 역설이었다.

그런 시대적 불합리성은 필연적으로 심리적 왜곡을 낳았다. 위진의 사족은 누구보다 더 생명의 무상함을 느꼈다. 하물며 개체의 독립이 없으면 인격의 독립도 없고, 인격의 독립이 없으면 의지의 자유도 없는 법이다. 결국 끝도 없는 혼란과 고민만 남았다. 그들은 독립적이어서 어디에 설지 몰랐고 또 자유로워서 어디로 갈지 몰랐다.

그렇다면 아예 생각을 안 하는 방법도 있다.

205 그런데 사람이 앞날을 걱정 안 하면 반드시 눈앞의 걱정이 생기는

법이다. 또한 거꾸로 눈앞의 걱정이 안 풀리면 다시 앞날을 걱정하게 된다. 그래서 현학이 시운을 타고 크게 유행한 것이다. 왜냐하면 현학이 현학인 것은 아득하고 현묘한 데가 있기 때문이다. 아득하고 현묘한 것은 정치적인 위험이 없고 오히려 사상의 발전을 위해 광대한 영역을 개척하는 것이니 어찌 환영을 받지 않을 수 있었겠는가?

더 중요한 것은 현학이 위진이 추구한 핵심적인 가치에 이론적 근거를 제공했다는 점이다. 하안과 왕필의 관점에 따르면 만물은 무無가 근본이며 무는 최고의 진실이다. 따라서 허위적이지 않으려면 허무를 따를 수밖에 없다. 아무것도 없으면 당연히 진실하다. 그리고 아무것도 하지 않으면서 하지 않는 것이 없는 것, 이것이 바로 자유이며 자유로우면서도 진실하면 아름답기도 하다. 독립적인지 아닌지는 잠시 신경을 안 쓸 수도 있다.

현학이 유학을 대체한 것은 여기에 그 원인이 있다.

하지만 이 사실은 매우 아이러니하다. 왜냐하면 사족은 오직 유학을 최고 학문으로 숭배한 덕에 사족이 되었기 때문이다. 유가 경전을 숙독해야만 대대손손 관리가 될 수 있었다. 따라서 벼슬을 독점하기 위하여 반드시 유가의 노선을 고수하고 사족을 통치계급으로 만들어야 했다. 그런데 사족이 상부 구조를 점령한 지금, 오히려 유학이 여론의 주도권을 잃었으니 이보다 모순적인 일이 어디 있었겠는가? 또 이렇게 모순적인데 어떻게 사람들의 마음이 혼란스럽지 않았겠는가? **206**

당연히 혼란스러웠다. 다만 혼란스러운 것도 그 나름의 의미가 있었다.

앓아야 할 병

중국 문명은 큰 병을 앓아야 했다.

사람은 다 병이 나게 마련이고 문명도 마찬가지다. 더욱이 엄밀히 말한다면 어느 문명이든 아무 변화 없이 장기간 양호한 상태를 유지할 수는 없다. 이는 어느 누구든 영원히 건강할 수 없는 것과 마찬가지다. 정반대로 어떤 문명이든 일단 성숙하면 부패하기 시작한다. 성숙에서 부패로, 흥성에서 멸망으로 나아간다. 이때 운명과 선택은 두 가지밖에 없다. 병이 나서 못 일어나든가, 아니면 시련을 통해 거듭나든가.

다행히도 중국 민족은 후자를 택했다.

실제로 중국 문명이 3700년간 중단 없이 이어져 인류 역사상 유일하게 지금까지 존속된 초기 문명이 될 수 있었던 것은 중국 민족이 대혼란을 통해 통합을 실현할 수 있었기 때문이다. 이것은 사람이 병을 앓은 뒤 항체가 생겨 면역력을, 심지어 새로운 생명을 얻는 것과 마찬가지였기 때문에 꼭 나쁜 일인 것만은 아니었다.

위진남북조가 바로 그런 대혼란이었다.

그 이전의 대혼란은 춘추전국이었다. 춘추전국의 결과로 첫 번째 제국, 즉 진한秦漢과 한나라 문명이 탄생했다. 위진남북조의 결과는 두 번째 제국(수당)과 당나라 문명의 탄생이었다. 그래서 역사가들은 두 문명을 비교하여 위진은 춘추에 해당하고 남북조는 전국에 해당한다고 말한다.

이 논리는 당연히 일리가 있다. 사실 두 차례 대혼란은 그 전의 문명에 문제가 생겨 야기되었다. 춘추는 주나라 문명의 붕괴에 직면했고, 위진은 한나라 문명의 위기에 직면했다. 그 결과, 선대의 영광은 빛을 잃었고 새로운 문제가 끊임없이 발생했다. 단지 다른 점이 있다면 주나라의 착오는 제도에 있었고 한나라의 골칫거리는 문화에 있었다.

그래서 춘추전국 이후에 탄생한 것은 새 제도였고 위진남북조 이후에 탄생한 것은 새 문화였다. 한나라 문명과 비교하여 당나라 문명은 한층 개방성과 포용성을 갖췄으며 유교 숭배도 유, 불, 도의 삼교 합류三敎合流로 바뀌었다. 물론 국가적 사상과 주류 이데올로기는 여전히 유학이었다.

209 이것이 바로 위진남북조의 역할이었다.

한편으로 한나라 문명의 위기는 곧 유가사상의 위기였다.

유학은 원래 위기가 없었다. 그것은 민간사상으로 존재할 때도 생기발랄했으며 심지어 맹자는 기세등등한 위세를 갖고 있었다. '호연지기'로 표현되는 그런 정의감과 책임감은 유학에서 가장 값진 것으로서 위진시대에도 명맥이 끊어지지 않았다.

주의周顗의 예를 들어보자.

주의도 위진의 명사여서 명사의 기세와 결함을 다 갖고 있었다. 그역시 휘파람을 불고, 술을 마시고, 입만 열면 허무맹랑한 소리를 했다. 그런데 그는 언젠가 어려운 처지에 빠졌을 때 왕돈의 도움을 받은 적이 있었고 왕도와의 관계는 더욱 허물이 없었다. 한번은 왕도가 그의 무릎을 베고서 그의 배를 가리키며 말했다.

"여기에는 다 뭐가 들었는가?"

주의는 말했다.

"아무것도 없어서 텅 비긴 했지만 자네 같은 사람을 수백 명은 담을 수 있지."[34]

하지만 왕돈이 반란을 일으켰을 때, 주의는 단호히 중앙정부의 편에 서서 왕돈과 교전을 벌였다. 그리고 패전한 뒤에도 황명을 받들어 왕돈의 군영에 사신으로 가서 그와 얼굴을 맞대고 교섭을 진행했다.

왕돈이 물었다.

"자네는 왜 나를 저버렸는가?"

210

34 『진서』「주의전」과 『세설신어』「배조」참고.

주의가 답했다.

"대인의 병거兵車가 조정을 침범하여 제가 부끄럽게도 육군六軍을 통솔하여 출전했소. 하지만 뜻밖에 황제의 군대가 분발하지 못하여 대인을 저버렸소."

왕돈이 또 그에게 물었다.

"아직도 전투할 여력이 있는가?"

"힘이 부족한 것이 한스러울 뿐, 여력은 없소."

이 말을 듣고 왕돈은 당연히 이를 갈았고 그래서 누가 주의에게 도망을 치라고 권했다. 하지만 주의는 말을 듣지 않았다.

"조정의 대신으로서 국가가 위태로울 때 어찌 구차하게 삶을 도모하겠소?"

결국 주의는 왕돈에게 피살되었다. 죽기 전, 주의가 왕돈을 향해 난신적자라고 욕하자, 그를 체포하러 온 자가 창으로 그의 입을 찔렀다. 하지만 피가 줄줄 흐르는데도 주의는 전혀 표정이 변하지 않았고 옆에서 보던 사람들은 하나같이 눈물을 흘렸다.[35]

그래서 왕빈王彬이 나섰다.

왕빈은 왕도와 왕돈의 사촌 동생이자 주의의 친구였다. 비록 주의는 생전에 왕빈을 그리 중시하지 않았지만 왕빈은 그래도 그를 대단히 존경했다. 그래서 왕돈의 위세를 두려워하지 않고 주의의 영전에서 한바탕 통곡한 뒤, 왕돈을 만나러 갔다.[36]

---

35 『진서』「주의전」, 『세설신어』「방정」과 유효표주의 『진양추』 인용문 참고. 그중에서 "전투할 여력이 있느냐"라는 부분은 『진서』「대약사전戴若思傳」에 나온다. 그밖에 주의의 죽음은 왕도와 관련이 있었다. "내가 백인을 죽이지는 않았지만 백인은 나로 인해 죽었다"라는 왕도의 말 역시 여기에 나온다.

36 왕빈, 왕돈, 왕도의 조부는 다 왕람王覽이었다.

왕돈이 그에게 물었다.

"네 안색이 왜 그렇게 좋지 않으냐?"

"방금 백인(伯仁)(주의의 자)의 영전에서 울고 와서 그렇습니다."

"그는 죽음을 자초했다. 게다가 너를 마음에 안 들어한 자가 아니더냐?"

왕빈은 그에게 항변했다.

"백인은 충후한 사람이고 형님의 친우이기도 했는데 이처럼 무고하게 해를 입었으니 누군들 슬퍼하지 않겠습니까! 거꾸로 형님은 하극상의 난을 일으키고 충신을 해치면서 법도에 어긋난 일을 도모하니 우리 왕씨 가문에 화가 미칠까 두렵습니다."

왕돈은 화가 머리끝까지 나서 소리쳤다.

"이 어린놈이 이렇게 방자하다니, 설마 내가 너를 못 죽일 것이라고 생각하느냐?"

옆에 있던 왕도가 급히 사태를 수습하며 왕빈에게 사죄의 절을 하라고 타일렀다. 하지만 왕빈은 말했다.

"다리가 아파서 무릎을 못 꿇겠습니다."

왕돈이 말했다.

"무릎을 꿇는 것하고 목이 잘리는 것 중에 어느 쪽이 더 아플 것 같으냐?"

왕빈은 전혀 두려운 기색 없이 들은 체도 하지 않았다.[37]

---

37 「진서」「왕빈전」 참고.

실로 사람을 숙연해지게 하는 이야기다.

주의와 왕빈의 풍모는 위진풍도에서는 아량雅量이라고 하고 유가 윤리에서는 절개라고 하는데, 위의 일화를 통해 위진풍도와 유가 윤리가 꼭 대립적이지만은 않았고 상통하는 점도 있었음을 알 수 있다. 하지만 어쨌든 사람에게는 어떤 정신이 있어야 하고 그 정신은 존경과 경외의 대상이 되곤 한다. 실제로 주의가 해를 입기 전에 왕돈은 그만 보면 부채로 얼굴을 가리거나 있는 힘껏 부채질을 했다고 한다.[38]

바로 유가사상이 그런 정신을 길러낼 수 있었다. 사실 한나라 문명에 끼친 유학의 공헌은 인의예지신仁義禮智信 같은, 핵심적인 가치관과 일련의 행위규범을 제공한 데 있다. 그런 가치관과 도덕규범을 계승할 필요가 있는지, 또 계승할 수 있는지는 당연히 천천히 논의해도 무방하다. 하지만 당시에는 의심할 여지 없이 사회와 민심의 안정을 보장했다.

바로 여기에 유학의 존재 의의가 있다. 적어도 그런 관념들을 백성 모두가 공유하고 통일 제국에 통일된 사상이 생김으로써 문자의 통일과 윤리의 통일을 이룰 수 있었다. 그래서 한나라의 역사는 중간에 왕망王莽에 의해 단절되었어도 한나라의 문명은 단절되지 않았을 뿐만 아니라 오히려 세계에 알려질 수 있었다.

유가 윤리는 신앙은 아니지만 신앙보다 나은 듯하다.

38 『진서』 「주의전」과 『세설신어』 「품조」 참고.

유학은 또 어쨌든 신앙은 아니다. 신앙은 이치를 따지지 않아도 된다. 왜냐하면 신앙은 초자연적이고 초세속적인 존재에 대한 흔들리지 않는 믿음이기 때문이다. 그래서 여러 가지 문제에 대해 논의할 필요가 없다.

이와 반대로 유학은 완전히 세속적이다. 유학은 천명을 중시하기는 하지만 공자와 맹자의 천의天意는 사실 민의이고, 동중서의 천天도 초자연적이지 않을뿐더러 인간과 합일合―한다. 그래서 유학은 종교가 아니다. 유학이 왕조 통치의 도구가 될 수 있었던 동인은 신앙이 아니라 권위였다. 하지만 일단 황제의 권위가 흐트러지면 유학도 금세 권위를 잃고 와르르 무너지곤 했다.

위진시대가 바로 그랬다. 황제든 예교든 절대적 존재가 아니었고 권위가 부족했다. 간문제 사마욱이 죽은 뒤, 열한 살의 효무제孝武帝가 뒤를 이었지만 저물녘이 되도록 상을 치를 생각을 하지 않았다. 이에 곁에 있던 사람이 말했다.

"폐하, 예에 따르면 곡을 하셔야 합니다."

그러자 효무제는 말했다.

"곡이야 하고 싶을 때 하면 되지 시간이 뭐가 중요하지?"[39]

예악이 붕괴되었다!

그런데 예악이 붕괴된 것이 꼭 나쁜 일만은 아니었다. 지배적 위치에 있던 유학이 권위를 상실한 것도 이와 마찬가지였고 그 나름의 이   **214**

---

39 『세설신어』 「언어」 참고.

유가 있었다. 사실 유학이 권위를 상실하고 나서야 중국 민족은 비로소 또 한 차례의 대규모 사상 해방과 문화적 번영을 맞이할 수 있었다. 순서를 보면 먼저 사상 해방이 있었고(위진) 그다음에 문화적 번영이 있었다(수당).

그러면 지배적 사상과 사상의 지배는 없어도 되는 것일까?

당연하다. 나라가 작고 국민이 적은 폴리스라면 그런 것이 있을 리 없다. 법치가 완비된 현대 국가에서도 불필요하다. 그러나 농업 민족이 건립한 대제국이라면 정치적, 사상적 권위가 없어서는 안 된다. 하지만 일단 그 권위를 잃으면 민심이 어지러워지고 나라가 분열되어 모든 것이 모래알처럼 흩어지고 만다.

삼국과 양진, 십육국과 남북조가 바로 그 증거다.

하지만 그런 재난이 닥친 것은 경축할 만한 일이었다. 역사적 사실을 보건대 그 전에 제국의 문치文治와 무력은 이미 끝에 다다라 더 이상의 활력을 찾아볼 수 없었기 때문이다. 안 그랬으면 별 볼 일 없는 동탁이 어떻게 그 위대한 한나라를 무너뜨릴 수 있었겠는가?

아마도 그 뒤로 전개된 일련의 사태가 없었다면 중국 문명은 천천히 노화될 수밖에 없었을 것이다. 아주 조금씩 시들고, 허약해지고, 부패하다가 결국 고사하거나 로마처럼 야만족의 침입으로 철저히 파괴되었을 것이다.

215 이것은 문명이 따를 수밖에 없는 생명의 법칙이다.

따라서 위진남북조는 일종의 기회였다.

그러면 또 누가 역사의 화면을 업데이트할 수 있었을까?

남북조를 향해
나아가다

핵심적인 가치를 재수립하고 문화 부흥을 실현하는 사명은 이치상 사족이 맡아야만 했다. 왜냐하면 그들은 지적 엘리트이자 양한 이후, 줄곧 시대의 주인이었기 때문이다. 만약 그들이 새로운 문화를 건설하지 않으면 누가 그래야 하고, 또 그럴 수 있단 말인가?

하지만 안타깝게도 사족은 그 임무를 감당할 수 없었다.

후한시대에 생겨나 당나라 초기까지 계속된 사족은 중화 제국만의 독특한 역사적 현상으로서 다른 민족과 문명에는 존재하지 않았다. 유럽의 기사든 일본의 무사든 모두 독립적인 계층일 뿐 통치계급은 아니었다. 통치계급이 된 것은 중국의 사족뿐이었고 그 시대는 주로 위진이었다.

안타깝게도 이 계급은 주어진 역할을 잘 해내지 못했다. 그들의 통치 방식은 통치하지 않는 것이었고 무슨 주장을 하지도, 성과를 내지도 못했기 때문이다. 어떤 사람은 오래 일을 하고도 자기가 무슨 관직을 맡고 있는지도 모르거나 일부러 모르는 척했다.

왕휘지를 예로 들어보자.

왕휘지의 직무는 참군參軍(참모에 해당)이었는데 처음에는 대사마 환온의 휘하에 있었고 나중에는 환온의 동생인 거기장군車騎將軍 환충桓沖의 기병 참군으로 갔다. 그런데 어디서든 봉두난발에 더러운 얼굴로 옷차림도 너저분한 채 하는 일이 없었다.

한번은 환충이 일하는 것을 보러 와서 물었다.

"자네는 어느 관서에서 일하는가?"

왕휘지가 답했다.

"늘 누가 말을 끌고 오는 것을 보니 마조馬曹(말을 관리하는 관서)인 듯합니다."

"말은 몇 마리나 있는가?"

"말은 묻지 마십시오."

"최근에 몇 마리나 죽었는가?"

"삶도 아직 모르는데 어찌 죽음을 알겠습니까?未知生, 焉知死."[40]

왕휘지의 두 차례 답변은 모두 『논어』에서 비롯되었는데 두 가지 일과 관련이 있다. 첫 번째 일은 마구간에 불이 났는데 공자가 단지 사람이 다쳤는지 묻고 말이 다쳤는지는 묻지 않은 것이다. 그리고 두 번째 일은 자로子路가 죽음이 무엇이냐고 묻자 공자가 삶도 아직 모르는 **218**

---

40 『진서』 「왕휘지전」과 『세설신어』 「간오」 참고.

데 죽음을 어찌 알겠느냐고 답한 것이다. 왕휘지의 이런 두 차례 인용은 다 고의로 경전의 일부를 끌어다 멋대로 사용하여 자신의 똑똑함을 뽐낸 것이었다.[41]

이에 대해 환충은 속수무책이었고 왕휘지는 더 방자해져서 한번은 아예 환충의 수레를 차지하고 앉아 어떻게 환충이 그 수레를 독점할 수 있느냐고 말했다. 환충은 그를 어떻게 할 방도가 없어 할 수 없이 그를 만나 이런 말을 했다.

"자네가 여기에 온 지도 시간이 꽤 되었으니 일만 잘해주면 빨리 발탁해주겠네."

그런데 왕휘지는 대답도 하지 않고 묵묵히 높은 곳만 바라보다가 수판手板에 뺨을 괴고는 엉뚱하게 "새벽에 서쪽 산에 갔는데 그곳의 공기가 매우 맑더군요"라고 말했다.[42]

이것이 바로 위진풍도였다.

이런 풍도는 당연히 나라와 백성을 그르치고 스스로 자기 무덤을 파기도 한다. 생각해보면, 만약 한 정권이 어떤 계급에 속해 있다고 알려져 있는데 막상 그 계급의 일원이 냉소적인 태도로 그 정권을 대한다면 그 정권은 망할 수밖에 없지 않은가?

막으려 해도 막을 수가 없다.

실제로 양진의 멸망은 그 원인이 병폐에 있었고 그 병폐의 원인은 사족에 있었다. 사족과 귀족의 차이는, 귀족은 혈통에 의지해 작위를

219

---

41 말에 관해 묻지 않은 것은 『논어』 「향당鄕黨」에, 삶도 아직 모르는데 어찌 죽음을 알겠느냐는 말은 『논어』 「선진先進」에 나온다.
42 『진서』 「왕휘지전」과 『세설신어』 「간오」 참고.

세습하고 사족은 가문에 의지해 관직을 독점하는 데 있었다. 그리고 그 특권을 보장하는 제도는 구품중정제九品中正制였다.

구품중정제는 구품관인법九品官人法이라고도 불렸다. 구체적으로 말하면 관직은 9등급으로 나눴는데 이를 관품官品이라 했다. 그리고 후보자의 기본 조건과 종합 평가도 9등급으로 나눴는데 이것은 향품鄕品이라고 했다. 향품을 평가해 정하는 사람은 중정中正 또는 중정관이었으며 조정의 이부吏部에서 중정이 평가해 정한 향품에 관품을 부여했다. 이것은 곧 천거薦擧 제도였는데 양한의 찰거察擧와도 달랐고 수당 이후의 과거제도와도 달랐다.

천거는 조씨 위나라 시기의 진군陳群의 발명품으로서 향품의 평가는 역시 각 분야의 조건과 본인의 능력을 보았다. 그런데 동진에 와서는 오직 문지門地만 보았다. 문지는 곧 문벌과 가세였다. 예를 들어 태원太原 왕씨는 서진의 명문가였고 낭야 왕씨는 동진의 명문가였는데, 왕휘지가 환충 앞에서 오만방자할 수 있었던 것은 그가 낭야 왕씨의 일원으로 왕도의 일족이기 때문이었다.

문벌과 가세는 사람의 운명을 결정지었다. 명문가의 자제는 어떤 평가도 받지 않고 비교적 높은 관품, 예컨대 '문지이품門地二品'(일품은 언제나 공석이었다)을 받을 수 있었다. 서족은 정반대로 낮은 관원이 될 수밖에 없었다. 이로 인해 초래된 국면은 "상품에 한문 없고 하품에 세족勢族 없다"라고 불렸다.[43]

---

43 「진서」「유의전」에 실린 「청파중정제구품소請罷中正除九品疏」 참고.

그 결과, 어떻게 되었을까?

제국에 인센티브 제도가 없어짐으로써 개인이 노력해야 할 목표가 사라졌다. 명문가의 자제는 거의 태어나자마자 관리가 될 자격이 생기는데 군이 노력할 필요가 없지 않은가? 나중에 관리로 부임해도 애써 일하지 않았다. 혹시 누가 열심히 일을 하면 비웃음을 사고 속물이라고 눈총을 받아야 했다.

국가의 흥망에 관해서도 당연히 관심이 있을 리가 없었다. 그들의 부귀영화는 가문의 명망과 세력으로 결정된 것이지 왕조와 황제의 은전이 아닌데 역시 제국이 어떻게 되든 상관할 필요가 없지 않은가? 그래서 고급 사족에 속한 사람들은 대부분 가문만 챙기고 나라는 챙기지 않았다. 국난이 닥쳐도 우선 가문을 보전할 생각만 했을 뿐, 나라를 지킬 생각은 하지 않았다. 왕연의 기회주의적인 관리 생활과 매국노 행각이 바로 그 증거다.

흥미롭게도 제국 역시 그런 자들이 자신을 지켜줄 것이라고 기대하지 않은 듯하다. 조정에서는 명문가 자제들에게 대체로 지위가 높고 대우는 좋은데 할 일이 적고 책임은 가벼운 직책을 주었다. 복잡하고 힘든 일은 다 서족의 몫이었다. 그렇게 오랜 시일이 지나자 상류 사회에는 온통 무능한 자들만 들끓었다. 그들은 청담으로 나라를 그르치며 부패하고 타락할 줄만 알았지 다른 것은 아무것도 할 줄 모르는 **221** 기생충이었다.

하지만 대우와 특권은 전혀 줄어들지 않았다. 서진 정부가 반포한 점전령占田令에 따르면 관리는 등급에 따라 근교전近郊田이라는 땅을 가질 수 있었다. 1품은 50경을 가졌고 순서대로 줄어들어 9품은 10경을 가졌다. 더 중요한 것은 법령 반포 전, 많은 토지를 갖고 있던 가문이 그 토지를 반환할 필요가 없었다는 사실이다. 오히려 충분히 토지를 못 가진 가문에게 정부가 "법에 따라" 토지를 보충해주기까지 했다. 당시 제국의 중앙정부가 정말로 부패를 억제할 생각이 있었는지, 아니면 거꾸로 조장할 생각이었는지 도저히 알 수가 없다.[44]

최소한 묵인해준 것으로 보인다.

사회적 불공정의 결과로 양진은 후한보다 더 빨리 문란해졌다. 동진의 끝에서 세 번째 황제였던 효무제 사마요司馬曜는 심지어 서른다섯이 되던 해에 자신이 총애하던 장귀인張貴人에게 살해당했다. 그 원인은 호색한인 효무제가 서른이 된 그녀에게 농담으로 "당신은 나이를 그렇게 먹었으니 쫓겨나야 마땅해"라고 말한 데 있었다.

결국 그 자신이 먼저 그날 밤 끝장이 났다.[45]

살해당한 사마요는 사실 동진의 마지막 황제나 다름없었다. 왜냐하면 그 후의 안제安帝는 춥고 더운 것도 못 가릴 만큼 아둔했으며 공제는 유유에 의해 폐위된 후 살해당했기 때문이다. 효무제는 아마도 자신의 마지막 날이 닥치리라는 것을 예감한 듯하다. 그가 죽기 얼마전, 하늘에 혜성이 나타났는데 그것은 옛날 사람들이 보기에는 불길

44 『진서』「식화지食貨志」 참고.
45 『진서』「효무제기」 참고.

한 징조였다. 그래서 효무제는 말했다.

"혜성이구나! 하지만 자고로 만세를 누린 천자는 없었다!"[46]

물론 만세를 누린 왕조도 없었다.

그때, 만약 유가 윤리가 여전히 권위가 있었다면 사정이 훨씬 나았을 것이다. 허다한 문제를 안고 있기는 하지만 어쨌든 유가 윤리는 국가와 민족의 정신적 지주이기 때문이다. 하지만 위진은 문벌 관념만 있고 정신적 지주는 없었다. 그들이 추구한 진실과 자유와 아름다움은 단지 소수의 전유물이자 특권이었을 뿐이어서 그것으로는 온 백성의 공감을 얻을 수도, 제국이라는 거대한 건축물을 지탱할 수도 없었다.

지주가 무너진 결과, 정신적 공허와 변태적 심리가 나타났다. 폭음과 약 그리고 부의 경쟁과 사치가 그 예다. 가장 기상천외한 일화를 들어보면, 언젠가 진 무제 사마염은 자신의 외삼촌이 낙양의 부호 석숭보다 부에서 밀린다고 여겨, 두 자 높이의 산호수를 하사했다. 그런데 석숭은 그것을 보자마자 산산조각을 낸 뒤, 자신의 산호수를 줄줄이 보여주며 황제의 그 외삼촌에게 마음대로 골라서 갖게 했다. 그의 산호수는 모두 더 크고 더 아름다웠다.[47]

이러한 부의 과시는 실로 변태적이었다.

하지만 그럴 만도 했다. 관직을 독점해 가문을 세운 사족들은 사실 문화적인 벼락부자였기 때문이다. 벼락부자들은 대부분 부를 과

---

46 『진서』「효무제기」와 『세설신어』「아량」 참고.
47 『진서』「석숭전」과 『세설신어』「태치」 참고.

시하려 한다. 그래서 명사들이 도량과 청고함과 대범함을 보인 것도 과시와 자랑의 의미가 있었다. 그들이 추구한 진실과 자유와 아름다움은 광기나 폭음 그리고 남성의 여성화로 구현될 수밖에 없었는데 이는 그들이 속한 계급이 전혀 저력이 없었음을 시사한다.

사족은 문명의 나그네가 될 수밖에 없는 운명이었다.

이 점은 춘추전국시대의 대부, 사士와 비교해 전혀 다르다. 당시 대부와 사는 생기발랄한 신흥세력으로서 한창 발전하던 지주계급을 대표했다. 반대로 영주계급은 타락과 몰락의 길을 걷고 있었다. 그때 중국 문명은 당연히 아래에서 위로의 혁신을 통해 자기 복원과 갱신을 실현할 수 있었다. 하지만 그럼에도 불구하고 중원 문화에 동화된 이민족, 즉 제나라, 초나라, 진나라의 힘을 빌려야 했다.

그래서 새로운 문화의 창건은 사족지주계급에게 기대할 수 없었으며 심지어 한족의 힘에만 의지하여 완수할 수도 없었다. 수많은 사실이 증명하듯이 정치는 새 제도가, 문명은 새 생명이 그리고 민족은 새 혈액이 필요하다. 혼란과 분열은 새로운 조합을 의미할 뿐이며 그 조합의 전제는 융합이다.

중국 역사는 필연적으로 남북조를 향해 나아갔다.

저자 후기

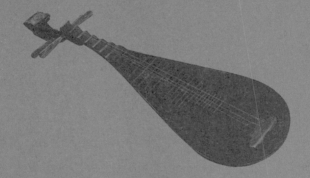

그 여인들

영희永熹 원년(145), 즉 충제沖帝가 죽은 그해에 후한 조정은 많은 사람이 서명한 고발 편지를 받았다. 그 편지는 태위 이고李固가 임금을 무시했다는 고발이었다. 충제의 유해가 담긴 관이 지나갈 때 도로 양쪽의 신민臣民들 중 울며 애통해하지 않는 자가 없었건만 이고는 짙은 화장을 하고 좌우를 두리번대면서 교태를 부리며 한들한들 거닐었다는 것이었다.[1]

이고는 여인이었을까?

그렇지 않다. 그는 남자였다. 하지만 여자보다 더 여자 같았다.

이것이 남성의 여성화의 첫 번째 사례였는지는 알 수 없지만 이미 후한 말년에 그 유행이 시작되었다는 것만큼은 확실하다. 훗날 위진 명사들은, 이고가 들으면 서운해할지 몰라도 단지 그 유행의 첨단을 구가했을 뿐이다.[2]

---

1 『후한서』「이고전」 참고.
2 위잉스余英時, 「한진 시기 사의 새로운 자각과 새로운 사조漢晉之際士之新自覺與新思潮」 참고.

하안 등은 분명 남자도 여자도 아니었다.

그것은 좋은 징조는 아니었다. 남성의 여성화는 단지 두 가지 원인이 있을 것이라고 본다. 그것은 문명의 정교화 혹은 문명의 저속화다. 정교화는 세밀함의 추구로서 영웅적 기세의 위축을 면하기 어렵다. 또 저속화는 고상하고 우아함을 가장하지만 남녀 간의 사랑에 치우칠 수밖에 없다. 하지만 두 원인 중 어느 쪽이었든 결과는 똑같았다.

그렇다. 남성 호르몬의 감소로 여성적인 남자가 되고 말았다.

위진시대에 여성적인 남자가 성행한 것은 문명의 정교화 외에 사족 계급과도 관련이 있었다. 위진의 사족이 유럽의 기사, 일본의 무사와 달랐던 점은 후자가 무를 숭상한 것과 달리 전자는 문을 숭상한 데 있었다. 문은 우아하고 우아하면 부드럽다. 우아해지면 동시에 음유해지기도 한다. 그래서 수당의 새 문화는 주로 북방의 한족화된 이민족에 의지해 수립되어야 했다. 이 내용은 다음 권인 『남조와 북조』에서 자세히 설명할 것이다.

그런데 위진의 남자는 여성화됐어도 위진의 여자는 상당히 훌륭하고 유능했다. 그것은 아마도 예악붕괴의 결과이거나 혹은 당시 남자들이 너무 허약했기 때문일 것이다. 『진서』「열녀전列女傳」과 『세설신어』「현원」에 등장하는 여자들을 보면 남자와 비교해 전혀 뒤지지 않는다.

227 　허윤許允의 아내를 예로 들어보자.

허윤의 아내는 위위衛尉(수도방위사령관) 완공阮共의 딸로서 매우 못생긴 용모의 소유자였다. 그래서 허윤은 결혼 첫날밤에 신방에 들어가려 하지 않았다. 나중에야 친구가 달래서 억지로 신방에 들어갔지만 다시 돌아서서 뺑소니를 치려고 했다. 허윤의 아내는 이렇게 그를 보내면 다시 오지 않으리라는 것을 알고 그의 소맷자락을 꽉 붙잡았다. 그러자 허윤이 말했다.

"부인의 사덕四德 중 당신은 몇 가지나 갖고 있소?"

부인의 사덕은 착한 마음씨, 고운 말씨, 단정한 용모, 얌전한 솜씨다. 허윤의 아내는 답했다.

"하나만 없습니다."

이번에는 그녀가 물었다.

"그러면 당신은 사인의 미덕 중 몇 가지나 갖고 있나요?"

"나는 모두 가졌소."

허윤의 답을 듣고 그녀가 또 물었다.

"호덕불호색好德不好色(덕을 좋아하고 여색을 좋아하지 않는 미덕)도요?"

허윤은 그제야 그녀가 비범하다는 것을 깨달았고 그래서 부부간의 정이 날로 두터워졌다.

실제로 허윤의 아내는 장군의 풍모를 갖고 있었다. 허윤이 이부랑吏部郎(중앙정부의 차관급)일 때 자기 동향 사람만 발탁한다고 직권 남용으로 고발을 당한 적이 있었다. 위 명제는 고발을 접하자마자 금위군禁 **228**

衛軍을 시켜 허윤을 잡아오게 했다.

허윤이 끌려가자 집안사람들 모두가 목 놓아 울었다. 하지만 허윤의 아내는 태연자약하게 말했다.

"모두 울지 말아요. 주인어른은 곧 돌아오실 테니까."

그러고서는 또 남편에게 당부했다.

"황제를 뵈면 이치만 따지고 사정은 하지 마세요."

허윤은 위 명제 앞에 가서 아내의 조언대로 이야기했다.

"사람을 알고 잘 쓰는 것이 등용의 원칙입니다. 신이 뽑은 자들은 신이 잘 아는 자들입니다. 청컨대 그들이 직책에 어울리는지 조사해 주십시오. 그렇지 않다면 신은 죄를 달게 받겠습니다."

조사가 끝나고 허윤은 무죄로 석방되었다.

그가 집에 돌아왔을 때, 아내는 좁쌀죽을 쑤어 그를 기다리고 있었다.

그러나 허윤은 결국 이풍과 하후현의 사건에 연루되어 사마사에게 붙잡혔고 마지막에는 귀양길에 죽고 말았다. 이 소식이 전해졌을 때, 허윤의 아내는 베를 짜고 있었다. 그녀는 지난번과 마찬가지로 낯빛조차 변하지 않은 채 소식을 전하러 온 남편의 제자에게 담담히 말했다.

"이렇게 될 줄 알았어요."

229 그녀는 또 두 아들을 숨겨주겠다는 제자의 호의를 거절했다.

"아이들은 별일 없을 테니 그러실 필요 없어요."

사실 그녀의 아이들은 결코 위험하지 않은 것이 아니었다. 사마사는 종회에게 그 아이들을 살펴보고 오라고 하면서 분명히 지시했다.

"만약 허윤의 자식이 덕과 재주가 제 애비와 근사하다면 반드시 화근을 없애고 오게."

엎어진 둥지에 성한 알이 있을 리 없다는 속담이 생각나는 대목이다.

하지만 허윤의 아내는 침착하게 대응했다. 두 아들을 불러 이렇게 당부했다.

"겁먹을 필요도 없고 잔꾀를 부릴 필요도 없다. 순순히 묻는 대로 답하면 된다. 울고 싶으면 울어도 되지만 너무 슬프게 울면 안 되고 조정 일에 관해 조금 물어봐도 괜찮다."

두 아들은 과연 아무 일도 없었다.[3]

허윤의 아내는 대단한 지혜의 소유자였다. 그런데 당시 그런 지혜를 가진 여자는 많았다. 단지 남권사회에서 활약할 기회를 얻지 못해, 동란이 일어났을 때 가족이 안정을 찾고 난관을 넘을 수 있게 도와주는 역할에 그쳤을 뿐이다.

신헌영辛憲英도 그러했다.

신헌영은 조씨 위나라의 중신 신비辛毗의 딸이었다. 사마의가 쿠데타를 일으켰을 때, 그녀의 남동생 신창辛敞은 대장군 조상의 참모였   **230**

---

[3] 위의 내용은 『삼국지』 「제하후조전諸夏侯曹傳」 배송지주의 『위략』, 『위씨춘추』 인용문과 『세설신어』 「현원」 참고.

다. 당시 사마의는 낙양의 성문을 닫았고 조상과 황제는 성 밖에 있었다. 조상의 부하는 성 밖으로 구원을 하러 가기로 결정하고 신창에게 함께 가자고 했다.

신창은 생각을 못 정하고 누이에게 물어보러 갔다. 이때 신헌영은 말했다.

"조상은 필히 죽을 것이다."

이 말을 듣고 신창이 말했다.

"그러면 저는 성을 나가면 안 되겠군요."

그러나 신헌영은 뜻밖의 대답을 했다.

"어떻게 안 갈 수가 있겠느냐? 직분에 충실한 것이 사람의 대의이고 가엾이 여기는 것은 사람의 상정常情이다. 또 남의 부탁을 받았으면 그 일에 충실해야 한다. 너는 대장군의 수하이니 당연히 도우러 가야 한다. 그것은 주어진 책임을 다하며 대세를 따라가는 것일 따름이다."

그래서 신창은 성을 나갔고 조상은 과연 피살되었다. 나중에 신창은 자못 감개무량하여 말했다.

"다행히 누님에게 가르침을 청했으니 망정이지 안 그랬으면 불의不義한 소인배가 될 뻔했구나."

이런 여자가 남자보다 못한 점이 있을 리 없다.

엄헌嚴憲도 마찬가지였다.

엄헌은 두유도杜有道의 아내였는데 열여덟 살에 과부가 되어 아들 하나, 딸 하나를 고생스럽게 키웠다. 그리고 나중에 그녀는 딸을 부현 傅玄이라는 남자에게 시집보냈다. 그런데 친척들 사이에서는 이 일로 의론이 분분했다. 왜냐하면 당시에는 조상이 기세등등하고 사마의는 병을 가장한 채 칩거 중이었는데 조상과 한패인 하안이 부현의 철천 지원수였기 때문이다. 원래 부현은 하안의 압박 때문에 신붓감을 못 찾고 있었다.

한 친척이 말했다.

"하안이 부현을 파멸시키는 것은 그야말로 산으로 눌러 알을 깨고 뜨거운 물로 눈을 녹이는 것처럼 쉬운 일입니다."

그러나 엄헌의 생각은 달랐다.

"여러분은 하나만 알고 둘은 모르는군요. 하안은 불의를 너무 많이 저질러서 필히 자멸하고 말 겁니다. 사마 대부(사마의)도 몰래 기회를 보고 있을 뿐이고요. 물론 누군가는 깨진 알이나 녹은 눈 꼴이 되겠지만 절대로 부현은 아닐 겁니다."

결국 그녀의 예상대로 하안은 사마의에게 살해당했고 부현은 예순둘이 되던 해 편안히 눈을 감았다. 한마디 덧붙이자면 부현은 범상한 인물이 아니었다. 그는 서진의 철학자이자 문학가로서 『부자傅子』등의 책을 저술했다고 『진서』에 기록되어 있다.

엄헌의 식견은 확실히 보통 사람을 능가했고 적어도 조상의 무리보다는 훨씬 나았다. 그들은 모두 사마의가 곧 죽을 것이라고 생각했는

데 그녀만은 맹수가 자는 시늉을 하는 것임을 간파했다.[4]

이 정도면 여성 정치가라고 부를 만하다.

하지만 정치적 소양과 풍모가 가장 뛰어났던 여성은 아마 조조의 두 번째 정실이었던 변卞 부인일 것이다. 변 부인은 원래 광대 집안 출신이어서 신분이 매우 낮았다. 하지만 그녀의 기개와 식견은 일반 대갓집 규수보다 훨씬 뛰어났다. 일찍이 조조는 동탁에게 맞서 단신으로 낙양을 탈출했다가 결국 중모현中牟縣에서 체포되었다. 이 소식이 전해지자 집안은 발칵 뒤집혔고 부하들도 뿔뿔이 도망치려 했다.

이때 변 부인이 나섰다.

당시 아직 어린 첩이었던 변 부인은 모두에게 말했다.

"주인어른의 상황이 어떤지도 모르는데 왜 놀라 어쩔 줄을 모르는 거죠? 또 지금 일이 생겼다고 도망을 쳤다가 훗날 주인어른이 집에 돌아오시면 다들 무슨 낯으로 그분을 뵈려고요. 게다가 큰일이 닥쳤을 때는 모두 고락을 함께해야 하지 않나요?"

나중에 이 일을 전해 듣고 조조는 크게 감동했을 뿐만 아니라 변 부인을 매우 중시하게 되었다. 그래서 원래 정실이었던 정丁 부인과 이혼을 하고 대신 변 부인을 정실로 세웠다. 하지만 변 부인은 계속 정 부인을 본처로 대접했다. 철마다 사람을 보내 정 부인에게 선물을 했고 조조가 출정한 틈을 타서 그녀를 집으로 맞이해 정성껏 대접했다. 과거에 그녀가 자신과 아들을 얼마나 푸대접했는지는 전혀 개의치 않

233

---

4 위의 내용은 『진서』「열녀전」 참고.

았다.

정 부인도 크게 감동하지 않을 수 없었다.

조조가 왜 변 부인을 천하를 다 품을 만한 여자라고 생각했는지 이해가 간다. 변 부인은 또 소박하고 신중하여 집안사람들에게 산해진미를 차려준 적이 없었으며 심지어 자기 친정 식구들에게는 이런 경고까지 했다.

"내가 여러분을 위해 사리사욕을 챙길 것이라고는 기대하지 말아요. 잘못을 저질렀을 때 도와줄 것이라는 기대도 하지 말고요. 혹시 죄를 한층 높여준다면 모를까."

이것도 조조가 그녀를 달리 보는 계기가 되었다.

실제로 변 부인은 대단히 이치에 밝았으며 처세가 바르고 정확했다. 조조는 보석과 장신구 같은 전리품을 얻으면 늘 집에 가져와 변부인이 먼저 고르게 했는데 그녀는 매번 중간 정도의 물건을 골랐다. 조조가 이유를 묻자 그녀는 말했다.

"가장 상품의 물건을 고르면 탐욕이고 가장 하품의 물건을 고르는 것은 거짓이겠죠. 그래서 중품을 고르는 겁니다."

이처럼 그녀는 분수를 아는 인물이었다.

확실히 변 부인의 가장 큰 장점은 분수를 아는 것이었다. 그녀의 아들 조비가 태자로 책봉된 후, 가까운 사람들이 찾아와 축하하고 상을 요구했다. 하지만 그녀는 말했다. **234**

"비가 태자가 될 수 있었던 것은 단지 연장자였기 때문입니다. 나로서는 자식을 잘못 가르쳤다는 평을 듣지 않는 것만으로도 다행이고요. 그러니 축하할 것이 뭐가 있겠습니까?"

조조는 이 얘기를 듣고 크게 칭찬하며 말했다.

"화가 나도 안색이 변하지 않고 기뻐도 행동거지에 절도가 있으니 이는 정말 아무나 할 수 없는 것이다!"[5]

그렇다. 이것을 위진풍도에서는 아량雅量이라고 불렀다.

사안의 아내, 유劉 부인도 아량이 있는 여성이었다. 사안의 호색을 엄히 단속하기는 했지만 절대로 감정을 얼굴에 드러내는 법이 없었다. 한번은 사안이 첩을 들이고 싶어 손아랫사람들을 보내 유 부인을 설득하게 했다. 그래서 그들은 『시경』에 관해 떠들면서 그 책에 질투를 삼가라는 성인의 가르침이 담겨 있다고 말했다.

유 부인은 명사 유담의 누이동생이었다. 당연히 『시경』이 어떤 책인지 알고 있었다. 그래서 넌지시 그들에게 물었다.

"그것이 어느 성인의 가르침이죠?"

사람들이 답했다.

"주공입니다."

이에 유 부인은 말했다.

"어쩐지! 주공 부인한테도 가서 물어보지 그러셨어요?"

하하, 위진에는 이런 여인들이 있었다!

5 『삼국지』 「후비전」과 배송지주의 『위서』 『위략』 인용문 참고.

이중톈과 '위진풍도'

2014년 11월 17일, 중국의 유명 일간지 『신징보新京報』는 이중톈 중국사 11권 『위진풍도』의 출간을 며칠 앞두고 상하이의 유명한 관광지 주자자오朱家角의 어느 찻집에서 이중톈과의 인터뷰를 진행했다. 2013년 5월 제1권 『선조』가 출간된 후로 그때까지 약 1년 반 동안 36권 분량의 그 전무후무한 역사 시리즈의 집필이 어떻게 진행되고 있는지 중간 결산을 해보는 자리였다.

필자는 이 시리즈의 한국어판 역자로서 사실 그 인터뷰 기사를 보는 내내 착잡한 기분이 들었다. 그도 그럴 것이 당시 2017년이 거의 저물어가는 시점에 중국에서는 이미 3년 전에 출간된 이 『위진풍도』를 겨우 번역하고 있었기 때문이다. 늦어도 너무 늦다. 자그마치 3년의 편차라니. 2018년 현재 중국에서는 20권까지 출간된 상태다. 물론 그도 처음에 계획했던 '분기당 2권 출간'은 지키지 못했다. 그랬다면 **236**

지금 30권쯤 내고 있어야 할 것이다. 하지만 그는 올해 우리 나이로 72세의 고령이 아닌가? 처음부터 그가 1년에 여덟 권 출간이라는 초인적인 속도를 유지할 수 있으리라고는 아무도 기대하지 않았을 것이다. 더욱이 그의 전공은 '위진남북조와 수당의 역사, 문화'다. 수당을 넘어선 후로는 아무래도 자료도 부족하고 자료를 읽고 정리하는 속도도 반감되었을 것이다. 나는 처음부터 그것을 예상하고 기대했다. 그 예상은 과연 들어맞았다. 노인 이중톈이 힘들어하는 모습이 눈에 선하다. 2014년부터 다른 외부 활동은 모두 접고 이 시리즈의 집필에만 매달려오고 있다고 하는데도 이렇다. 하지만 그렇다고 내가 속으로 회심의 미소를 짓고 있을 때가 아니다. 그와 비교하면 젊디젊은 내가 무려 3년이나 뒤지고 있지 않은가. 아무래도 나 역시 "다른 외부 활동은 모두 접고 이 시리즈의 집필에만 매달려야" 할 듯하다.

위의 인터뷰는 이미 언급한 대로 이 시리즈의 '중간 결산'의 성격을 띠었지만 『위진풍도』에 대해서도 일부 거론하고 있다. 이중톈은 우선 말하길, "석사 시절에 제 연구 방향은 '위진남북조와 수당의 문학'이었고 졸업 논문은 유협劉勰의 『문심조룡文心雕龍』을 기초로 한 『『문심조룡』의 미학사상 논고』였습니다. 이 논문 때문에 저는 훗날 대학에서 미학 선생이 되었지요"라고 밝혔다. 이 발언을 근거로 하면 오늘날 '이중톈 월드'의 바탕은 이른바 '위진 미학', 즉 이번 11권의 제목인 '위진풍도'였다. 왜 그런지는 이어지는 그의 발언에 명확히 나타나 있다.

미학을 이해하기 위해 저는 심리학을 공부했습니다. 중국 미학을 이야기하기 위해서는 중국 문화를 소화해야 한다고 생각했지요. 그래서 중국 고대문화를 탐구했고 그 후에는 고대의 정치제도를 고려하는 것도 현실적인 의의가 있었습니다.

혹자는 이중톈이 역사 전공자가 아니라는 이유로 그의 중국사 집필을 의심스러운 눈길로 바라볼 것이다. 하지만 역사 전공자가 아니라 '미학 전공자'이기에 더 풍부한 시각으로 중국 고대의 역사, 문화를 폭넓게 연구했고, 또 융통성 있는 필체로 그 내용을 친근하고 효과적으로 독자에게 전달할 수 있는 능력을 갖출 수 있었다고 본다. 이에 대해서는 이중톈 중국사 시리즈를 읽어본 독자라면 모두 긍정할 것이다. 인물의 등장과 퇴장에서 동원되는 극적인 수법, 문제의 제기와 추론 과정에서 엿보이는 미스터리적 서사 구조까지 일반 역사서에서 볼 수 없는 다양한 문학적 기교가 독자들의 시선을 사로잡는다.

그렇다고 해서 역사 기술에서 요구되는 엄밀함이 부족한 것도 아니다. 그는 시종일관 "증거가 스스로 말하게 하는" 방식을 고집한다. 그 증거에 대해서는 또 "저는 증거로 문헌, 문물, 문자 이 세 가지를 요구합니다. 문헌과 문물이 서로 충돌할 때는 문물을 택하지 문헌을 택하지는 않습니다. 문물은 거짓말을 할 리가 없기 때문입니다. 그리고 고문자도 거짓말을 하지 않습니다. 이렇게 하면 역사 전공자가 아닌 필자가 흔히 저지르는 실수를 피할 수 있습니다"라고 말한다. 더욱이 그에게 조언을 제공하는 자문단과 편집위원회의 역할까지 고려한다면 그의 역사 집필의 신빙성에 대한 의심은 거둬도 괜찮으리라고 본다.

그리고 이 11권에 대해 이중톈은 또 그 역사적 배경인 위진과 오호십육국이 대단히 복잡한 시대였음을 언급한다. 중요한 사건 중 하나인 '팔왕의 난'만 해도 관련된 인물이 단지 여덟 명에 그치지 않았고 그들의 이름만 해도 한족과 이민족이 뒤섞여 독자들이 접근하기가 다소 어렵다는 것이다. 그뿐만 아니라 그 이전의 문화적 황금기였던 '백가쟁명'시대와 비교해 학계의 평가가 엇갈린다는 난점도 있다. 하지만 필자가 보기에 이중톈은 마치 엉킨 실타래를 하나하나 풀듯이 그 복잡한 역사 시대를 우리 눈앞에 일목요연하게 펼쳐놓고 흥미로운 포인트까지 정확히 짚어주고 있다. 이를 통해 우리는 '위진풍도'라는 자신의 주 전공과 관련해 이중톈의 공력이 얼마나 넓고 깊은지 새삼 깨닫게 된다. 물론 그와 더불어 이 책을 다 읽은 뒤 우리가 위진풍도의 낭만과 자유와 그 숨겨진 모순까지 환히 알게 된다면 더더욱 금상첨화일 것이다.

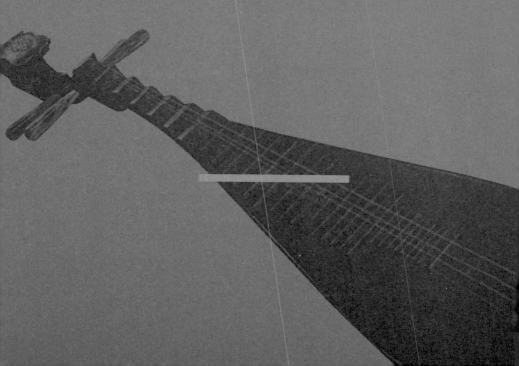

부록

본문에 언급된
위진시대 사건 연표

220년(황초黃初 원년) 후한을 대신하여 조비의 위나라가 시작되었다.

226년(황초 7) 조비가 죽고 아들 위 명제 조예가 뒤를 이었다.

239년(경초景初 3) 위 명제가 죽고 양자 조방이 뒤를 이었으며 사마의와 대장군 조상이 함께 황제를 보필했다. 이듬해 연호가 정시正始로 바뀌었다.

249년(정시 10) 사마의가 쿠데타를 일으켜 조상을 살해함으로써 조위 정권이 사마씨에게 귀속되었다. 왕필이 스물넷의 나이로 사망했다.

251년(가평嘉平 3) 사마의가 죽고 아들 사마사가 집권했다.

254년(가평 6) 사마사가 조방을 폐하고 조모를 세웠다.

255년(정원正元 2) 사마사가 죽고 동생 사마소가 집권했다.

260년(감로甘露 5) 조모가 사마소를 토벌하다가 패하여 피살되고 사마소가 조환, 즉 위 원제를 세웠다.

263년(경원景元 4) 촉한이 망하고 완적, 혜강이 사망했다.

264년(함희咸熙 원년) 3월, 사마소가 진공에서 진왕이 되었고 5월에는 사마의를 선왕宣王으로, 사마사를 경왕景王으로 추존했다.

265년(함희 2, 서진 태시泰始 원년) 8월, 진왕 사마소가 죽고 아들 사마염이 뒤를 이었으며 12월, 위 원제의 선양으로 사마염이 칭제를 하여 진 무제가 되었다. 선왕 사마의를 선황제로, 경왕 사마사를 경황제로, 문왕文王 사마소를 문황제로 추존하고 서주 봉건제에 따라 황족 27명을 국왕으로 봉했다. 조위가 망하고 서진이 시작되었다.

272년(태시 8) 상수가 사망했다.

280년(함녕咸寧 6) 오나라가 망하고 진이 천하를 통일해 삼국시대가 막을 내렸다.

285년(태강太康 6) 한자가 일본에 전해졌다.

290년(영희永熙 원년) 3월, 진 무제 사마염이 죽고 아들 사마충이 뒤를 이어 진 혜제가 되었다.

291년(영평永平 원년) 3월, 가 황후가 초왕 사마위를 불러 태부 양준을 죽이고 양 태후를 폐하게 하고서 여남왕 사마량에게 황제를 보필하게 했다. 6월에는 사마량에게 모반의 누명을 씌우고(팔왕의 난 중 첫 번째) 조서를 내려 초왕 사마위로 하여금 그를 죽이게 한 뒤, 다시 조서를 조작했다는 죄명으로 사마위를 죽였다.(팔왕의 난 중 두 번째)

243 299년(원강元康 9) 가 황후가 태자 사마휼이 모반했다고 무고하여 서민으

로 폐하고 그의 모친 사숙원을 살해했다.

300년(영강永康 원년) 조왕 사마륜이 가 황후를 종용해 사마휼을 죽이게 하고서 '태자를 위한 복수'를 명분으로 쿠데타를 일으켜(팔왕의 난 중 세 번째) 가 황후를 폐했다.(나중에 피살됨)

301년(영강 2, 건시建始 원년, 영녕永寧 원년) 사마륜이 진 혜제를 폐하고 스스로 황제가 됐지만 제왕 사마경이 군사를 일으켜 사마륜을 죽임으로써 사마충이 제위를 회복했다.(팔왕의 난 중 네 번째)

302년(영녕 2, 태안太安 원년) 장사왕 사마예가 군사를 일으켜 사마경을 살해했다.(팔왕의 난 중 다섯 번째)

303년(태안 2) 8월, 성도왕 사마영(팔왕의 난 중 여섯 번째)과 하간왕 사마옹(팔왕의 난 중 일곱 번째)이 군사를 일으켜 사마예를 토벌하고 사마옹은 도독都督 장방張方을 보내 낙양을 포위하게 했다.

304년(태안 3) 정월, 동해왕 사마월이 사마예를 잡아 장방에게 보냈고 장방은 그를 불태워 죽였다.(팔왕의 난 중 여덟 번째) 사마영 등은 진 혜제를 핍박해 사마영을 황태제皇太弟로, 사마옹을 태재太宰로 삼게 했다. 7월에는 사마월이 사마옹을 공격하다가 패하고 사마충은 포로가 되었다. 11월, 장방이 사마충을 데리고 장안으로 천도한 뒤, 황태제 사마영을 폐하고 대신 사마치를 세웠다. 같은 해, 저족의 장군 이웅李雄이 익주를 점거해 성도왕이라 칭하고 흉노의 수장 유연은 한왕이라 칭했다.

305년(영흥永興 2) 사마월 등이 사마옹을 토벌하러 군사를 일으키자 사마옹은 사마영을 시켜 대항하게 했다. 사마월이 패했고 사마영은 낙양을 점거했다.

306년(광희光熙 원년) 사마월이 반격해 승리하고 사마옹은 패해 피살됐다. 사마월은 진 혜제를 죽이고 사마치를 새 황제로 세웠으며 자신은 태부로서 황제를 보필했다. 사마영도 피살되었으며 이웅이 성도에서 칭제를 하고 국호를 성成이라 했다.

308년(영가 2) 유연이 칭제를 하고 도읍을 평양平陽에 두었다.

310년(영가 4) 유연이 죽고서 아들 유총이 계승자를 죽이고 스스로 제위를 이었다.

311년(영가 5) 사마월 사망. 유연의 부장 석륵이 진군을 대파해 태위 왕연을 사로잡은 뒤, 낙양을 함락시키고 진 회제 사마치를 포로로 확보해 진의 무력을 모두 상실시켰다. 또 유연의 조카 유요가 장안을 공격해 남양왕南陽王 사마모司馬模를 죽였다.

312년 서진에 황제가 없어 연호도 없었다. 곽상이 사망했다.

313년(건흥建興 원년) 사마업이 장안에서 칭제하여 진 민제가 되었다.

316년(건흥 4) 진 민제 사마업이 투항하여 서진이 멸망했다. 왕조가 세워진 지 51년 만이었다.

317년(건무建武 원년) 겨울, 진 민제가 피살되었다.

245 318년(태흥太興 원년) 사마예가 건업에서 즉위하여 진 원제가 되고 동진

이 시작되었다. 같은 해, 유총이 죽고 아들 유찬劉粲이 제위를 이었지만 바로 피살되어 유요가 스스로 칭제를 했다.

319년(태흥 2) 유요가 장안으로 환도하여 국호를 조로 고쳤고 역사에서는 이를 '전조'라 부른다. 또한 유요의 부장 석륵이 조왕이라 칭했다.

322년(영창 원년) 왕돈이 난을 일으켜 건업을 공격했다. 진 원제 사마예가 죽고 아들 사마소司馬紹가 뒤를 이어 원 명제明帝가 되었다.

324년(태녕太寧 2) 왕돈이 죽고 왕돈의 난이 진압되었다.

325년(태녕 3) 진 명제 사마소가 죽고 아들 사마연이 뒤를 이어 진 성제가 되었는데 나이가 다섯 살이라 유 태후가 섭정을 하고 왕도와 유량이 보좌했다.

327년(함화咸和 2) 소준의 난이 일어났다.

328년(함화 3) 석륵이 유요를 잡아 죽임으로써 전조가 멸망했다.

329년(함화 4) 소준의 난이 진압되었다.

330년(함화 5) 석륵이 칭제를 하고 국호를 또 조라고 해서 역사에서는 '후조'라 부른다. 후조는 북방의 대부분을 차지하여 동진과 회하淮河를 경계로 대치했다.

333년(함화 8) 석륵이 죽고 아들 석홍石弘이 뒤를 이었다.

334년(함화 9) 이웅이 죽고 이웅의 아들 이기李期가 계승자 이반李班을 죽이고서 대신 뒤를 이었다. 한편 석호石虎가 석홍을 죽였다.

337년(함강咸康 3) 선비의 장군 모용황慕容皝이 연왕이라 칭하고 도읍을 용성龍城(지금의 랴오닝성 차오양朝陽)에 두었다.

338년(함강 4) 이수李壽가 이기를 죽이고 뒤를 이어 국호를 한漢으로 바꿨다.

339년(함강 5) 왕도가 사망했다.

340년(함강 6) 유량이 사망했다.

342년(함강 8) 진 성제 사마연이 죽고 동생 사마악司馬岳이 뒤를 이어 진 강제康帝가 되었다.

343년(건원建元 원년) 성한의 이수가 죽고 이세李勢가 뒤를 이었다.

344년(건원 2) 진 강제 사마악이 죽고 아들 사마담司馬聃이 열 살의 나이로 뒤를 이어 진 목제가 되었다.

345년(영화永和 원년) 환온이 형주자사로 부임했다.

347년(영화 3) 환온의 촉 정벌로 이세가 투항해 성한이 멸망했다.

349년(영화 5) 석호가 칭제 후 얼마 안 있어 죽고 내란이 일어났다.

350년(영화 6) 석호의 양자인 한인 염민冉閔이 찬탈을 하고서 칭제를 하여 국호를 위라 했다. 역사에서는 이를 '염위'라 부른다.

351년(영화 7) 후조의 황제 석지石祗가 부하에게 사살되어 후조가 건국 33년 만에 멸망했다. 이어서 저족의 장군 부건符健이 자칭 천왕대선우天王大單于라 하고 장안에 도읍을 두고서 국호를 대진大秦이라 했다. 역사에서는 '전진'이라 부른다.

247 352년(영화 8) 연왕 모용준慕容儁이 염민을 잡아 죽여 염위가 멸망했다.

모용준은 칭제를 하고 도읍을 업鄴에 두었는데 역사에서는 이를 '전연'이라 부른다. 같은 해에 부건도 칭제를 했다.

354년(영화 10) 환온이 전진을 정벌하여 군대가 파상灞上에 이르렀다.

356년(영화 12) 환온이 요양을 대파하고 낙양에 들어갔다.

357년(승평升平 원년) 전진의 부건이 정한 계승자가 부견에게 살해됐다.

361년(승평 5) 진 목제 사마담이 죽고 사마비司馬丕가 뒤를 이어 진 애제가 되었다.

364년(흥녕興寧 2) 갈홍이 사망했다.

365년(흥녕 3) 진 애제 사마비가 죽고 동생 사마혁이 뒤를 이어 진 폐제가 되었다.

369년(태화太和 4) 환온이 전연을 정벌했다.

370년(태화 5) 전진에게 대패해 전연이 멸망했다.

371년(태화 6) 11월, 환온이 사마혁을 폐하고 회계왕 사마욱을 세워 간문제가 되었다.

372년(함안咸安 2) 7월, 간문제 사마욱이 죽으면서 환온에게 제갈량과 왕도를 본받아 국정을 보필하라는 유조를 남겼다. 태자 사마요가 뒤를 이어 효무제가 되었다.

373년(영강寧康 원년) 7월, 환온이 사망했다.

374년(영강 2) 게르만의 각 부족이 대거 로마 제국을 침입해 유럽의 민족 대이동이 시작됐다.

376년(영강 4) 전진이 전량을 정벌해 전량이 건국 57년 만에 멸망했다. 그 후로 전진은 또 선비 척발부가 세운 대국代國을 정벌해 대국이 멸망했다. 이로써 전진이 중국 북방을 완전히 통일했다.

383년(태원太元 8) 전진과 동진이 비수대전을 벌였다.

384년(태원 9) 전진 부견의 부장, 선비인 모용수가 연왕이라 칭했는데 역사에서는 그의 나라를 '후연'이라 부른다. 또 모용홍慕容泓은 제북왕濟北王이라 칭했고 강인 요장姚萇은 진왕秦王이라 칭했는데 역사에서는 앞의 나라를 '서연'으로, 뒤의 나라를 '후진'으로 부른다.

385년(태원 10) 요장이 부견을 사로잡아 죽였다. 전진의 부장, 선비인 걸복국인乞伏國仁이 나라를 세웠는데 역사에서는 이를 '서진西秦'이라 부른다.

386년(태원 11) 선비의 부장 척발규拓跋珪가 나라를 세우고 왕이 되었는데 역사에서는 이를 '북위'라 부른다. 후진왕 요장이 장안에 입성해 칭제를 했고 저족의 여광呂光이 나라를 세웠는데 역사에서는 이를 '후량'이라 부른다.

394년(태원 19) 서진의 공격으로 전진이 건국 44년 만에 멸망했다. 또 후연의 공격으로 서연도 건국 11년 만에 멸망했다.

396년(태원 21) 진 효무제 사마요가 후비 장귀인에게 모살되어 아들 사마덕종司馬德宗이 뒤를 이어 진 안제가 되었다.

249 397년(융안隆安 원년) 선비의 척발오고拓跋烏孤가 나라를 세워 왕이 되었는

데 역사에서는 이를 '남량南凉'이라 부른다. 후량의 흉노족 장군 저거몽손沮渠蒙遜도 나라를 세웠는데 이는 '북량北凉'이라 불린다.

398년(융안 2) 후연의 모용덕慕容德이 나라를 세우고 왕이 됐는데 역사에서는 이를 '남연南燕'이라 부른다.

399년(융안 3) 손은의 난이 일어났다.

400년(융안 4) 서진의 왕이 후진에 투항하여 서진이 멸망했다. 그리고 북량의 돈황태수 이고李暠가 나라를 세웠는데 역사에서는 이를 '서량'이라 부른다.

402년(원흥 원년) 환현이 군대를 일으켜 동진을 공격했다.

403년(원흥 2) 남량과 북량이 후량을 공격하고 후량이 후진에 항복해 멸망했다. 그리고 진 안제가 환현에게 양위하여 환현이 칭제를 하고 국호를 초로 지었다.

404년(원흥 3) 유유가 환현을 토벌해 환현이 피살되었다.

405년(원흥 4, 의희 원년) 진 안제가 제위를 회복했다. 또한 초종譙縱이 동진을 배반하고 왕이라 칭하며 성도를 차지했다. 역사에서는 이를 '서촉西蜀'이라 부른다.

407년(의희 3) 후진의 장군인 흉노인 혁련발발赫連勃勃이 후진을 배반하고 왕이라 칭하며 국호를 하로 지었다. 역사에서는 이를 '호하胡夏'라고 부른다. 후연의 천왕天王, 모용용희慕容容熙가 피살되어 후연이 건국 24년 만에 멸망했다. 그리고 고운高雲이 연제燕帝라 칭했는데 이 나라를 역사에서는 '북연北燕'이라 부른다.

410년(의희 6) 동진이 남연의 연제 모용초慕容超를 잡아 죽여 남연이 건국 13년 만에 멸망했다.

413년(의희 9) 유유가 군대를 파견해 서촉을 공격하여 서촉이 멸망했다.

414년(의희 10) 서진의 공격으로 남량이 건국 18년 만에 멸망했다.

417년(의희 13) 동진의 공격으로 후진이 건국 34년 만에 멸망했다.

418년(의희 14) 유유가 진 안제 사마덕종을 독살하고 그의 동생 사마덕문을 황제로 세웠다. 이 사람이 진 공제恭帝다.

420년(동진 원희元熙 2, 유송 영초永初 원년) 진 공제 사마덕문이 송왕 유유에게 양위하여 동진이 104년 만에 멸망했다. 유유는 무제라 칭하고 국호를 송으로 정했는데 역사에서는 이를 '유송'이라 부른다. 이로써 남조가 시작되었다.

421년(영초 2) 북량의 공격으로 서량이 건국 22년 만에 멸망했다.

427년(원가元嘉 4) 도연명이 사망했다.

431년(원가 8) 호하의 공격으로 서진이 건국 39년 만에 멸망했다. 또 토욕혼吐谷渾의 공격으로 호하도 건국 25년 만에 멸망했다.

436년(원가 13) 북위의 공격으로 북연이 건국 30년 만에 멸망했다.

439년(원가 16) 북위의 공격으로 북량이 건국 43년 만에 멸망했다. 이로써 오호십육국시대가 끝나고 남북조시대가 시작되었다.

이중톈 중국사
\11\

위진풍도

초판 인쇄	2018년 10월 19일
초판 발행	2018년 10월 26일

지은이	이중톈
옮긴이	김택규
펴낸이	강성민
기획	김택규
편집장	이은혜
편집	곽우정
마케팅	정민호 이숙재 정현민 김도윤 안남영
홍보	김희숙 김상만 이천희
독자모니터링	황치영

펴낸곳	(주)글항아리	출판등록 2009년 1월 19일 제406-2009-000002호
주소	10881 경기도 파주시 회동길 210
전자우편	bookpot@hanmail.net
전화번호	031-955-1936(편집부) 031-955-8891(마케팅)
팩스	031-955-2557

ISBN	978-89-6735-557-9 03900

글항아리는 (주)문학동네의 계열사입니다.

이 도서의 국립중앙도서관 출판시도서목록(CIP)은 e-CIP홈페이지(http://www.nl.go.kr/ecip)
와 국가자료공동목록시스템(http://www.nl.go.kr/kolisnet)에서 이용하실 수 있습니다.
(CIP제어번호 : CIP2018032666)